U0085426

教育理念的改造與重建

李錫津 著

三民書局

國家圖書館出版品預行編目資料

教育理念的改造與重建 ／ 李錫津著. -- 初版.
　-- 臺北市：三民，民89
　　冊；　公分

　ISBN　957-14-3117-6(平裝)

　1. 教育－論文,講詞等　2. 職業教育－論文,
　　講詞等

520.7　　　　　　　　　　　　　　88015946

網際網路位址　http：//www. sanmin. com. tw

© 教育理念的改造與重建

著作人　李錫津
發行人　劉振強
著作財　三民書局股份有限公司
產權人　臺北市復興北路三八六號
發行所　三民書局股份有限公司
　　　　地址／臺北市復興北路三八六號
　　　　電話／二五○○六六○○
　　　　郵撥／○○○九九九八──五號
印刷所　三民書局股份有限公司
總經銷　三民書局股份有限公司
門市部　復北店／臺北市復興北路三八六號
　　　　重南店／臺北市重慶南路一段六十一號
初　　版　中華民國八十九年二月
編　　號　S 52095

基本定價　　肆元貳角

行政院新聞局登記證局版臺業字第○二○○號

自 序

　　教育工作所觀照的領域極廣，所涵蓋的期程極長，如果以完全學習、終身學習的深廣角度來思考，人從出生到死亡，可以說無時無刻無不處於教育學習活動之中，因此，我們生活環境中就需要一套機動、彈性、多元、豐富的機制，隨時隨地釋放出合理的教育理念來因應、滿足教育活動的需要，指導教育活動的進行，提昇教育的品質。

　　個人在實際教學、經營班級、負責行政、經營學校或參與教育活動、面對教育問題時，喜歡思索各種現象，探勘其中關鍵，從初發狀況、後續發展、問題演化、策略運用，到最後結果，習慣上總循著蒐集資料、分析資料、資訊整合、理念形成、策略設計的路徑，據以規劃學習活動、解決問題，或引導自己教學，協助學生邁向我們期望的目標，這樣的流程對一位教育工作者來說，不失為一項至佳的行動研究方式。

　　就實際生活來說，理念的新生、改造與重建，多源自於當事人原有的知識背景、個人素養、人格特質，加上在環境中的省思。因此，學習、省思、理念的新生、改造與重建是難以分開的。

　　這樣的思維、運作，所累積下來的紀錄，竟然也有二十餘篇，卑之無甚高論，惟願與關心教育的朋友分享求教而已，各篇章常起源於工作上的感觸、衝擊、困頓，為了尋求支持的思考基礎和可行的解決途徑，總是左思右思，歸納些許心得，日後回想，在彼時彼境，在工作上、在問題解決上，確實產生了指針的作用，如今，將之都為一集，稱之為《教育理念的改造與重建》，以野人獻曝敬謹之心，請先進同仁指教。

　　書中〈台北市高職學生職業成熟態度相關因素之研究〉和〈高職學年學分制課業輔導模式〉兩篇。頭一篇係和大安高工劉世勳校長、楊泯榕老師聯合研究而成，後一篇則和木柵高工陳憲章老師、士林高商周玉蓮老師以及大安高工劉世勳校長，協同研究的結果，合予說明，並表示謝意。

　　本文集寫作時間極長，要謝謝內子沈美紅老師在生活上的照料協助，也謝謝容許發表作品的雜誌，沒有這些包容，就不可能有如斯的作品，當然，三民書局慨允出版更是直接促成出書的關鍵，在此一併致謝。

民國89年1月1日於臺北居所

教育理念的改造與重建

目　　次

體驗之學習功能及其運用策略

壹、前　言

　　《二〇〇〇年大趨勢》一書指出，在未來新世界經濟體系互動之下，誰的教育投資多、績效好，誰的競爭力就強，實際上，不管是管理大師、趨勢專家、政治領袖，也都有一致的答案——人才是社會、企業、國家最重要最根本的競爭武器，人才是國力競爭場上決勝的關鍵（天下編輯，1994），可見人才的培育，是當今舉世公認的要事。

　　我們國家當然也有同樣的體認，更難得的是全民更有具體的行動反應，否則，以前位於臺北市晶華酒店旁康樂里違章建築的人家，就不會有全家八口人，擠五坪大的房子，卻捨得讓兒子「一星期三科，每科五千元」的高額補習了（天下編輯，1994）。

　　不過，當今資訊爆炸，今天最紅的知識，明日就可能過時，老師們運用「昨天」學的知能，「今天」教給學生，讓他們「明天」去運用，卻有許多潛藏的危險，知識過時失效，就是最容易看到的現象。因此，教育的重點，已不再是知識多寡的問題，而是知識品質的問題，比如：蒐集、分析、運用、表達、組織、開發資訊的能力，創造力、思辨力、解決問題的能力，規劃與再學習的能力，這是培養國民全方位的生活知能的能力。因此，想要保有競爭力的國家，必須捨棄教育舊招，改用全新的方式來培養人才，方能因應時代的變遷。

　　可惜，依一般觀察所得，我們全國上下儘管重視教育、投資教育、

用心教育，但是，強調的仍是偏狹的教育觀，多少人守著物化、窄化的歷程，只用一個標準——升學率來認定學校的好壞；只用一個標準——升學率來分別老師教學能力的高下（天下編輯，1997）。卻很少留意到，臺灣學生的近視率，高居世界第一，自律精神則敬陪末座，國際數理競賽成績，儘管排名居於世界前三，但是高低成就之間的差距，卻高居世界第一（天下編輯，1997），我們很容易看到「智育掛帥」、「重考試，忽略生活體驗、生活知能」，「學生不讀聯考不考的科目」，「父母要求分數、學生計較分數」社會看重文憑，學生捨棄個性喜好，拼命追求潮流，學校也因堅持狹隘的分數公平性，而落入近乎只為記誦的教學泥淖，如此方式培養出來的人力，就難怪乎會像李遠哲先生所批評的只是「培養解決紙上問題的專家，不是解決實際問題的專家」了，更嚴重的還會出現像張春興教授（天下編輯，1994）所說：「對人不感激，對己不克制，對事不盡力，對物不珍惜」的可怕情形。一位社會觀察家甚至說：「一般而言，學歷越高，越會念書，越是不會生活，不懂合作，越是自以為是，有我無他」（天下編輯，1994）。因此關心教育，關心國家未來的有心人士，能不深思？

　　幸好，近幾年，國內民間、官方教改呼聲不斷，尤其，中央政府已於85年12月間完成了《教育改革總諮議報告書》，繪就改革的希望藍圖，就連各種民間教改團體、學校基層教師、家長會等，也都逐漸匯集共識，提出策略，希望能為臺灣教改貢獻一分力量。

　　作者有鑑於此，前曾提出「完全學習」、「統整學習」、「體驗學習」三大理念，希望對教育改革有所助益，本文即以體驗學習為討論主軸，希望從體驗的意義、價值、功能開始，論及體驗學習的原則、實施的策略和實施的注意事項等，做為當今教育改革參考方略之一，並呼應1994年以來，一連串官方、民間發起的教育改革，更希望能引起大家

的注意，摒除多年來教「教科書」，讀「教科書」，考「教科書」的舊習，改採動態、多元的方式，真槍實彈，運用情境，進行操作性體驗學習，回歸教育本質，尋求學習真諦，恢復學習的常態，培養真正有生活知能的人才，以適應未來國際競爭的需要。

貳、體驗的意義

吳英璋（民86）於1987年到美國威斯康辛，想了解多重障礙教育如何主流化的問題，他在第五學區完成報到，先被編入小學三年級和孩子們一起上課一個禮拜，才跟班級的老師開始討論，這種直接涉入的方式，就是以體驗學習開始的具體事例，如果不是身歷其境，就有可能了解不夠真確，提不出切要的心得和建議，或是發掘不出真正的問題。因此，如果希望一群富裕生活中的學生，認識飢餓的滋味、貧窮的難過，我們可以運用三寸不爛之舌，用盡所有形容詞來說明，也可以使用圖片、錄影帶作補助說明，也可以安排學生禁食幾天去體會，帶他們到貧民區去生活幾天，真正了解飢餓和貧窮的滋味，這幾種方式，口說比不上看圖片，看圖片比不上看錄影帶，看錄影帶比不上自己餓幾天或深入非洲貧困地區去生活幾天，這種情境涉入、情境體驗的效用，深切說明體驗的意義和價值。

從上面的說明，我們可以了解體驗的意義，不過在談體驗之前，讓我們先看看經驗是什麼。依《韋氏字典》：經驗(experience)是得自於直接印象的感覺或知識，經驗是經過實際練習而得的技能和判斷。經驗是被動性較多、主動性較低、隨機性較強、計畫性較弱而深度較淺的自然歷程。體驗則有仔細參驗《辭海》，採納、取法和實行的意思，是直接觀察或參與活動所得的知能，是深層、主動、積極、有計畫性

的經驗。

因此，體驗比經驗更強調計畫性、主動性、參與性和深度，可能包含用手觸摸、用眼細察、用耳傾聽、用鼻細聞、用腦深思、用腳、用整個身體感覺，是全心靈全身軀和情境作更契合的聯結，產生更具體更明確的感悟、感動、體會和知覺所激發出具體、深刻、持久的學習結果。

參、學習的特性

朱敬先（民75）指出：學習雖為常見字，卻很難下一定義，根據金柏的解釋：「學習乃增強練習的結果，而在行為潛能上發生相當持久性的改變」。

學習如果以資訊處理模式(information processing model)來看，學習是學習者將外在的資訊加以轉化、編碼、儲存或傳遞，並能對外界做適當的反應（饒見維，民83）。在這歷程中，當然還有人類主動的特質——形成意義(sense-making)的存在，因為，人類時刻都在形成意義、尋求意義，甚或創造意義（饒見維，民83），人類具有主動把捕捉到的經驗形成概念，並予以抽象化再類化廣為運用的本能，這也是本文所探討的體驗價值之關鍵所在。

當然，學習的定義很多，要之，學習的發生，要具備如下的條件：

(1)要有學習的主體，亦即學習者的存在。

(2)要有可供學習的訊息，亦即要有學習的內容。

(3)要有學習的歷程。

(4)產生學習的結果，亦即獲得新的知能、態度和產生持久、穩定的行為改變。

　　因此，運用什麼方式來學習，比較容易產生預期的學習結果，是長久以來，教育學者和教育人員努力的課題，本文提出「體驗是導致有效學習的良好方式」的主張，以就教於學者方家。

肆、體驗在學習上的重要性

　　體驗在學習上的重要，黃武雄(1996)提出：小孩觸摸世間一切事物，不帶一點猶豫，小孩不怕跌倒，跌倒是他以身體溶入周遭世界，干擾外在事物秩序，獲得成長的良機，觸摸、跌倒都是體驗的途徑，都足以帶來深刻的學習。因此，體驗是小孩生命成長不能割離的活動，也是獲取真實知識重要而有效的途徑，這種靠自身體驗得來的知識，才接受為知識，也才能發展成智慧，變成自身不可割離的部分（黃武雄，1996）。體驗提供真悟的機會，加深學習的可能，也擴大學習的效用，可以促成知識、心靈和行為間有效的聯結，百聞的確不如一見，一見又不如見而深思，深思又不如在情境中操作體會。十八世紀哲學家盧梭(Jean Jacques Rousseau)在他的教育經典著作《愛彌兒》(Emile)中宣稱，兒童不是透過文字，而是透過經歷學習；不是透過書本，而是透過「生活的書本」學習，瑞士改革家裴斯塔洛齊(J. H. Pestalozzi)也強調重視身體、道德及智慧的統合課程，並以具體經驗為基礎（李平譯，1997）。因此，透過體驗得來的知識，才是真實的知識，透過體驗認識的世界，才是真實的世界，不斷的體驗，才能不斷的成長；如果只靠記誦，不但學難牢靠，也會像黃武雄(1996)所言知識會死去，知識會變成教條和裝飾。

　　當然，學校的學習，除個人的學習以外，還強調團體學習、合作學習，我們透過集體合作的體驗、合作的學習，認識更多元、更寬闊

的世界，因而發展出和諧的社會生活規律，同時，代代相傳，創造了由體驗而累積更新的人類整體智慧和文化結晶。可見，透過體驗來學習，透過體驗來建構知能是何等重要。

伍、體驗學習的理論基礎

(一)就知識場論而言

依知識場論，知識的意義是由經驗所構成，知識場中的事例，乃是形成意義的要素（饒見維，民83），因此，經驗、體驗乃是構成知識的關鍵，饒見維（民83）指出：就知識場論，知識建構的本質(constructive nature of knowledge)而言，預設了知識結構的存在，而建構觀念正好說明了知識建造的過程與結果。如就經驗主義而言，更認為「經驗是知識的唯一來源，人類在初生時猶如白紙一張，其心靈空無所有，其後，一切知識來自經驗；甚至組織知識，形成概念，或進一步運用概念，構成的推理原則，也全是靠經驗獲得」（張春興，民77）。當然，建構新知識還必須依賴心靈、理性的協力整合才行，因為「吾人所知覺的經驗，並非只是對刺激物所作的直接反應，而是根據個人的認知與情感，將感覺到的印象加以組織，最後構成自己的知覺」（張春興，民78），接著再將這種知覺建構成自己的知識，而體驗則是深度、主動的經驗，是有系統有方向的知覺，是建構成系統化知識的基石。

(二)制約學習理論

制約學習理論，可以分古典制約或操作性制約兩種，這兩種學習理論都包含刺激、反應和酬賞三個要素，強調學習乃刺激和反應間，由於接近而發生聯結的結果，或由於增強而產生聯結，都說明了學習者親近刺激物並作出反應的必要，這種歷程表示經驗刺激、體驗刺激

是造成有效反應的重要歷程。

㈢在社會學習、模仿方面

在社會心理、社會學習和模仿上，也都強調學習者透過觀察、認同、聯結、強化或模仿的歷程，而習得某一特定事物的態度，並習得新行為。實際上，聯結、強化或模仿、認同，往往要透過學習者與學習標的或學習事項的實際接觸、涉入，才能產生學習或強化的效果。此種觀察、認同、聯結、強化、模仿正是體驗的編序動作，觀察、認同、模仿正是體驗的具體表現。

㈣就社會建構心理學而言

Esland (1972)主張學習是自我建構、再建構的一段歷程，學生必須用後設的方式，主動學習所要學習的一切，學生必須主動了解訊息，主動形成態度，或主動模擬技能，學習才有可能發生（張鈿富，民85），而體驗正是學生主動學習、積極學習、參與涉入情境、模擬建構的動態歷程，透過體驗，可以有序建構、有效建構所學習的知能。

陸、體驗在學習上的功能

體驗是學習者的身、心都在學習現場，融入學習實境的學習，需要更完備的學習條件，黃武雄(1996)指出，體驗不只是身體力行、實踐而已，在體驗之前需要體驗的動機，更需要觀其影響、驗其後效，甚至要長年累月，多次重複，調整修正、整合，最後才能形成新的知識結構，因此，體驗在學習上具有多樣化的功能。

體驗學習之進行，一般而言，先要構設一個非常直接的學習情境，形塑出強烈的學習氣氛，然後將學生的學習情緒導入情境之中，引起震撼和共鳴，再釋放期望的學習內容和概念，達成學習的效果。

　　本文用一個實例來說明：留美學生王君，赴美最初兩個月，老美說的英語，他聽不懂，自己也不敢開口；接著，他敢開口了，可是，換成老美不懂他說的英語，一開口，老美就會笑他，弄得他不敢開口，信心大失，教授對老美學生的勸導顯然無效，後來，教授心生一計，要王君在同學面前，說上一段中文，然後，教授質問老美，「你們懂了嗎?」當然，老美學生只能面面相覷，教授進一步說：「你們懂的，他不懂；他懂的，你們也不懂啊! 人人各有所長，所以嘛，實在不必取笑別人!」從此以後，同學就不再取笑王君的英語，這就是引導式的體驗學習所帶來的效果。茲將體驗的功能簡單說明如下：

1. 體悟的功能：學習者立刻可以透過情境知覺，了悟於學習內容，產生頓悟的效果。
2. 驗證的功能：學習時，由於身心俱在學習情境當中，又經用心檢核對照，具有知、情、意和行為同步獲得驗證的效果。
3. 深入的功能：學習者經由頓悟獲得深刻的印象，學習深入，容易內化為持久性的態度和習慣。
4. 牢靠的功能：學習既然深入、深刻、持久，自然不易消褪，因此，學習具有牢靠性。
5. 類化的功能：學習深入、深刻，變成自己認知結構的一部分，容易產生類化。
6. 主動的功能：體驗來自於參與者主動的涉入，其學習動機較強，具有主動進行學習的功能。
7. 融合的功能：經由體驗，使學習內容和學習者的認知結構相互融合、統整，變成學習者的一部分。

柒、體驗學習的原則

引導學生體驗學習，可以參考以下幾個原則：

1. 主動原則：體驗來自於學習者對情境之參與、涉入，因此，必須有強烈的參與動機，能主動創造體驗的心境，找尋適當的情境，才能引導自己進行深度的學習。

2. 持久原則：學習或體驗學習是一個具有目的性，並且不斷發生的歷程。因此，應該把握機會、創造機會，持久進行。

3. 操作原則：體驗的特性是身心體之、驗之、悟之，在身心與學習內容或情境接觸後，再透過身手的動態操作，產生具體深刻的效果。

4. 經常原則：體驗應考慮到經常性，實際上，要建構一個穩定的新行為，需要不斷地提醒，不斷地建構，因此，經常引導學生體驗是有必要的。

5. 均衡原則：學習內容應考慮到完全性、均衡性，各種不同的學習知能對不同的學習者之間，可能具有不同層次的重要性，但是，基本上不可忽略到均衡的原則，才不致於造成見樹不見林的不良後果。

6. 機動原則：學習環境或許變化不多，但是，學習機會的發生，學習內容的呈現，可能常有變化，教師或學習者，應該把握機動原則，隨時抓住機會，以增加學習的機會和可能。

7. 鬆綁原則：體驗學習的方式、時機、目標要能不拘泥，要能不受傳統的約束，才能收到廣泛的學習效果，也才能在體驗過程發生創意的心得，和有價值的聯想。

8. 好奇原則：體驗學習要能捕捉豐富的外在刺激資源，才能產生豐富的學習結果，因此，引導學生體驗學習，要有一顆好奇的心，多方

採集到有價值的體驗資源，產生體驗的效果。

9. 自然原則：常見學生學習帶著諸多勉強的氣息，不利於學生學習，因此，策劃體驗學習，宜考慮自然原則，引導學生，規劃情境，帶入自然的學習，減少不必要的心理排斥或抗拒。

10. 趣味原則：有趣味的學習，常使學生樂於作持久的學習，這種學習自然容易產生學習的效果，因此，安排體驗學習，可以特別注意趣味原則，提高學生體驗的興趣。

捌、體驗學習的策略

體驗強調學習者心境、學習情境和學習內容的有效互動和聯結，然後產生學習者行為的改變，那麼透過什麼方式比較容易產生體驗的效果是我們十分關心的重點，大致上，可以透過學習情境的了解、塑造，學習者心境的引導、聯結，再使之運用演練、操作、深度思辨，乃至於歸納淬取和概念化，而收到知能建構，智、情、意、行的聯結效果。茲介紹幾個策略如下：

1. 視聽思辨：針對學習主題，說一個小故事，提供一幅生動的畫面，讓學習者心有所感而起無限的沈思，導致內心的感動、感悟和轉化，引起認知結構的轉變，建立新行為，這是間接的體驗，淺度的體驗。

2. 演練操作：單項事物的學習體驗，可以透過演練操作來進行，如怕蛇的人，試著操弄蛇，騎車的經驗，坐雲霄飛車的感覺，試挑重擔……等，透過實際的操作演練，獲得實際的體驗。

3. 活動涉入：較長時間的涉入和體驗活動的情形。連續若干天的飢餓，體驗一下飢餓的味道，或長達若干小時的熱烤、冰凍的滋味，在真實情境中來完成體悟。

4. 親臨情境：更長時間的涉入和體驗活動的情形，如長期在農村、漁村、礦區生活或在妓院、孤兒院、貧民區實際生活，以求深切體會掌握生活者的心境和感受。

5. 活動參與：親身參加短暫性的活動，以了解該一活動的真實狀況。如參加活動遊行、示威遊行、搬抬死屍、掃街、到政見發表會現場，參加化裝舞會，親臨觀賞橄欖球冠軍爭奪賽的盛況，真正了解那種活動的歷程。

6. 角色扮演：親自扮演某一種角色，實際體驗該種人或該一角色的內心世界，如扮演盲者，扮演失聰者或其他殘障者，或一日校長，一日班長，一日董事長……自己實際擔綱某一角色，實習體現其角色的心路歷程。

7. 狀況演練：完整的情境、狀況之演習、練習，如火警、空襲、救災之狀況練習，又如危機小組，反綁架小組的工作演練，以虛擬的狀況情境，提供相關人員的練習和模擬，感受一下實境的狀況，學到真正狀況發生時的應對知能。

8. 實習實驗：在實境中，以見習者、實習者的角色，在熟練專家的視導下實際參與操作、演練，如實習醫師、實習護士、實習老師，或理化、生物實驗等都是，是另一種有計畫、有步驟的深度體驗和學習。

9. 生活採樣：這是實際生活中，自然發生、真槍實彈的生活體驗，如吵架、打架、跌倒、挫折、受傷、塞車……等之引導、開導、歸納與概念化等。這當中，小孩吵架甚至於打架，是孩子學習人際關係處理技巧、如何導向和諧快樂人生、如何分辨你我之別，相當好又相當自然的方式。

玖、體驗學習的注意事項

體驗學習是一項值得重視的學習策略，在實際運用時，有一些值得注意的事項。

(1)體驗學習，可能需要較長的時間多次進行，同時慢慢品嘗思考體會，才會有具體或顯著的結果，因此，不宜有急功近利之思。

(2)平日可以就不同的體驗內容、不同的體驗策略，研擬近似模組化的體驗反應方式，以便於體驗之進行，提高體驗的效果。

(3)有些情境可以同時作多項目的體驗，有時則作單項的體驗，學習者要有心理的準備，以免手忙腳亂或浪費時間。

(4)體驗學習的主動性和準備度非常重要，主動性越強、準備度越足，體驗學習的效果就會越顯著。

(5)體驗學習需要耐心和勇氣，適當的心理期待，因此，教師和學生均宜有旺盛的企圖心，同時不斷開發策略，才容易顯示體驗學習的效果。

(6)學校的社團活動、校際間的聯校活動、大型的聚會表演，如運動會的大會操大會舞……都是很好的體驗學習機會，值得重視並加主動運用。

(7)參加活動、策劃活動，就是體驗學習的良好時機，從活動中反而容易發現學習者的優點、缺點，更有利於老師切入輔導，是學生進步的好途徑，活動比書本還重要，是體驗學習時可以特別思考的。

(8)用心的生活本就是很好的體驗學習機會。生活中充滿許多挑戰的因素，用心迎接生活中的挑戰，用心做事，就是真情的體驗，

收穫一定多。

⑼不好的活動或破壞性的經驗，也可以透過教師積極、正面的引
　導、轉化，使之能正解、善解而得到正面的體驗和學習效果，
　如打架、吵架、考試不及格、留級、失敗的活動……等均是，
　正是所謂「失敗為成功之母」。

⑽體會他人、前人成功的經驗或失敗的教訓，也是一個很好的體
　驗學習機會。老師或學生，從親身的體驗中會學習得更多，但
　是，從別人的經驗教訓，也可以引以為鑑，避免走冤枉路。

拾、結　語

馬斯洛(1995)認為「最親密且直接的經驗，是知識的根基」，「經驗
是無法替代的」，體驗是有計畫、有深度、有廣度的主動經驗，更是知
識建構的重要途徑，這種現象，就如同你我飲水，冷暖自知一樣，是
冷是暖，冷暖程度，自必須由飲者在飲時感知體會，在飲後覺知冷熱
程度之不同，然後加以內化建構成自己對冷熱之接受、排斥幅度，並
做為日後接觸到冷熱物體時，決定趨避的參考；也像一位熟背游泳大
法的學生，自必須真正下水去體驗學習，並經相當時間的練習、修正、
體會、再修正，最後才能真正學會游泳，如不經此一實際體驗學習的
途徑，再豐富的游泳知識都將無助於該生習得真正下水游泳的技能；
也像一位橄欖球的愛好者一樣，如果他從來沒有到過坐滿了五萬球迷
的球場，去感受冠軍賽中，觀眾近乎瘋狂的觀球表現，他就永遠無法
真正了解那種與五萬人熱情相互融入的感受。真實的體驗，的確是深
入、有效、牢靠學習的良好策略。

本文透過文獻和理論的探討，個人生活文獻的體驗，提出「體驗

學習是有效學習」的主張，文中探討體驗學習的意義、說明學習的特性、體驗學習的重要性，同時闡述體驗用在學習上的理論基礎，接著進一步說明體驗具有「體悟」、「驗證」、「深入」、「牢靠」、「類化」、「主動」、「融合」的學習功能，主張教學者參照「主動」、「持久」、「操作」、「經常」、「均衡」、「機動」、「鬆綁」、「好奇」、「自然」、「趣味」等原則，運用「視聽思辨」、「演練操作」、「活動涉入」、「親臨情境」、「活動參與」、「角色扮演」、「狀況演練」、「實習實驗」、「生活採樣」等策略，把握機會，運用機會，創造機會，因人因時因地而制宜，引導學生充分體驗學習，在實施過程中，並應注意若干事項，以期彰顯學習的效果。總而言之，體驗學習是一項值得參考運用的學習途徑，特別整理敘述如本文，請學者方家同仁參考指教。

變遷與變遷因應

壹、前　言

　　艾爾文・託夫洛（Alvin Toffler，民61）在《未來的震盪》中揭示了「與過去絕緣」(break with the past)，「永恆的死亡」(the death of the permanace)的理念，彼得・F・杜拉卡（Peter F. Drucker，民60）則在《斷絕的時代》中強調社會和經濟生活的政治模型處於疾速變化中；約翰・奈思比與派翠西亞・奧伯汀(John Naisbitt & Patricia Aburdence, 1992)在《二〇〇〇年大趨勢》中，也特別提到當前是「科技日新又新，經濟景氣空前，政治巨幅改革，文化浴火重生」，「情緒波動更大，變化加速，人類知道的事情更多，不得不重新審視自己，審視價值觀，審視現行制度」。環顧當前社會變遷，從鉅觀層面來看，在國際社會方面，如蘇聯解體，共產國家逐漸消失，東西德統一等等，均屬國際大事；微觀方面，如個人心理的變化，犯罪率、離婚率的節節上昇等等，均說明了社會變化多端、變遷迅速的事實。衡諸種種變遷現象，世事法則中唯一不變的恐怕就是變遷了。

　　變遷既然成為無可避免的現象，值得我們重視。因此，本文擬從變遷的意義，變遷的內涵，變遷的反應類型，合理因應變遷的重要，變遷的因應等方面陳述作者的管見，以就教於方家先進。

貳、變遷的意義

變遷(change)就是變化、改變,是指任何社會過程或型態的變化(陳奎熹,民69),也是社會生活方式或社會關係體系的變化 (龍冠海,民55),定義簡單,內容繁複,調適起來,可能令人手忙腳亂,誠非易事。

變遷改變了當前的生活理念,推擠了當前的生活環境,改變了當前的生活條件,置換了原來的生活內容、思考模式,可能為個人或社會帶來進步,也可能為人類或社會帶來傷害,禍福之間,但看變遷的項目、內容、速度、社會接受度、個人調適的能力和整體因應的情形,因此,變遷不一定代表進步 (陳奎熹,民69),它只是表示社會結構、制度,人群關係和價值觀念的演化、變遷,變遷可能帶來轉機、生機,也有可能帶來危機或當機,因此,我們不知道變遷會不會比較好,但不變遷一定不會比較好,這一點應該是可以肯定的。

參、變遷的內涵

變遷的發生可能是局部的,也可能是全部的;可能是點的,也可能是線的、面的或體的,一般而言,我們目前面臨的是全方位、整體的而且是快速的變遷,誠如Toffler (民61) 所說的「變遷是侵入我們生活的一種過程」,穿插於日常生活問題的「正是那怒吼的變遷潮流」,「這種潮流強而有力地推翻制度,改變我們的價值觀念,也腐蝕了我們的根本」。這些變遷固然有大有小、有快有慢,但是無論大小、快慢,對個人或社會生活的形貌、內容都產生了一定的衝擊力量,都值得我們用心因應。

　　楊國樞教授（民67）指出：現代化是一種變遷的歷程，此種現代化的變遷反映於社會現象，看到的是①民主化（政治）②法治化（政治）③工業化（經濟）④都市化（經濟）⑤均富化（經濟）⑥福利化（社會）⑦變動化（社會）⑧世俗化（宗教）⑨普遍化（教育）⑩科學化（知識）⑪傳播化（信息）⑫控制化（人口）。這些變遷、變化都是正面、有價值的變遷，也就是現代化的變遷。不過在此一變遷事實之下，議事效率不彰，環境污染，生態破壞，吸毒、販毒，犯罪率提高，其他種種社會解組現象，偏差現象也都併同發生。當然，這也說明了人類因應變遷，引導變遷的重要。

　　如就鉅觀方面而言，變遷的內涵包括如下：

⑴政治的：如共產黨瓦解、執政黨的更迭等。

⑵教育的：如延長國教、自願就學方案等。

⑶經濟的：市場國際化、自由化等。

⑷建設的：三峽水壩的興建、新市鎮的開發等。

⑸外交的：國與國的建交、斷交等。

⑹交通的：高速公路、高速鐵路的興建等。

⑺社會福利的：老年福利金、殘障福利法的施行等。

⑻宗教的：各種宗教的廣布與流傳等。

⑼科技的：基因移植、太空發展等。

⑽資訊的：電腦軟硬體的發明、使用等。

⑾社會生活的：新生活運動、自覺運動等。

⑿人口集中與遷移：都市化、移民等。

　　就微觀或個人生活方面觀之，可以是：

⑴飲食：飲食習慣的改變，如吃素人口增加等。

⑵穿衣：服飾流行等。

(3)居住：家庭裝修、購屋觀念等。

(4)行：交通工具的變遷、塞車生態的形成等。

(5)育：子女教育觀念、補習班、技藝班的形成等。

(6)樂：高爾夫球的流行、卡拉OK流行等。

(7)人際關係：居住近咫尺卻難得往來，同樓不相識等。

(8)道德觀：性開放、禮義廉恥觀念大改觀等。

(9)工作觀念：跳槽頻繁、工作不投入等。

總之，變遷或大或小，或整體或局部，或全方位或單領域，泉湧而生，奔流社會，是一種抵擋不住的潮流。我們對變遷的內涵越是了解，就越能做出有效的因應。

肆、變遷的反應類型

一般而言，變遷多源自於多種複雜因素交互作用而成，這些因素包括教育、文化、社會、物質、生物、科技、人為……等等。變遷一旦發生，便湧入社會，直接衝擊生活其中的人，而人們也會對變遷作出各種反應，作者觀察社會變遷過程中一般人的反應歸納出以下幾種類型來：①破壞變遷②阻撓變遷③抗拒變遷④漠視變遷⑤無知變遷⑥適應變遷⑦引導變遷⑧創造變遷。現在就以某一個合理、客觀的正面變遷發生時的反應來簡單說明八個變遷反應階層類型之分別：

1.破壞變遷

這是最強烈、激進的變遷反應，反應者不但反對變遷，且付諸激烈的作為來圍堵、撲滅、剷除變遷結果所呈現的現象，祛除變遷的源頭，企圖使之消失於無形。

2.阻撓變遷

強度次於破壞變遷，反應者反對變遷，對於變遷現象、潮流予以推拖、攔阻，意圖不使之擴大、繁衍、流行，表現出積極的反對態度反阻撓作為。

3.抗拒變遷

抗拒變遷的強度又次於阻撓變遷，反應者內心堵定，態度堅決，反對變遷的發生，他築一道心牆，拒絕、排斥變遷事項相關理念的涉入，拒絕調整自己的理念，雖無積極的反對行為，卻有積極的反對態度。

4.漠視變遷

漠視變遷者往往知道有變遷，卻不在乎變遷，不讚成變遷，不接納變遷，不理會變遷，他是變遷的冷漠反應者，他不是反對變遷，他是變遷現象的圈外人。

5.無知變遷

無知變遷是對已然或將然的變遷一無所知，一無所視，他是社會現象的遲鈍者，是社會變遷的盲人，一副泰山崩於前而色不變的模樣，表現出以不變應萬變的態勢。無知變遷和漠視變遷兩種反應類型的人，都是自外於社會的邊緣人。

6.適應變遷

面對正向變遷，適應變遷是健康的反應模式。他能根據對變遷現象的了解，配合自身的特質，調整自我的認知和舊有心態，接納變遷，認同變遷，肯定變遷，配合變遷，順應變遷，終而調適完成，身心內外和諧平衡。

7.引導變遷

引導變遷較之於適應變遷，帶有些許創意和反應者主觀的意識，能因勢利導，借力使力，調適過程中包含有反應者相當程度的主導作

用，是一種相當可喜的方式，其階層當較適應變遷為高。

8.創造變遷

創造變遷需要更多更強的創意與能力，創造變遷常常是先知先覺作用的結果，需要力量、膽量和度量，需要知識、見識和膽識，所謂青年創造時代，大概就是這種類型，個人能有前瞻性的看法，配合脈動開發創造引起變遷、推動變遷，為時代謀取更大福利，是最高的反應階層。

除此以外，每一種社會變遷發生，大概都有不同族群的人懷著不同理念，不同價值觀，選擇不同階層類型，作出各種不同強弱的反應。當然，支持或反對每一種反應或變遷的人數、強弱可能不同，同時，同一個人對不同的變遷現象，所持的反應態度及其強弱，也可能因時、因地有所變化，這些是可以理解的。

伍、合理因應變遷的重要

一個人在變遷中找到辦法，取得平衡點或適宜點，獲致適量的變遷，可能是追求幸福的關鍵 (Toffler，民61)，因此，面對正向的變遷，予以因應、引導，負向的變遷予以化解、排除，是很有必要的。

Toffler（民61）認為絕大多數人，包括受過良好教育者和老於世故者，當發現變遷觀念的威脅時，便企圖否定它的存在意義，有些人雖然了解變遷，卻缺乏足夠的知識，無法記取前人或他人的教訓來計劃個人的生活。可見學習合理因應變遷、有效因應變遷，對一個人生活在生活瞬息萬變的世紀的現代人，是非常重要的。

為了強調變遷與適當因應變遷的重要，何妨回顧一下清末維新與日本維新的不同結局。滿清末年，清政府固然腐敗無能，但仍不乏力

圖維新、創造正面變遷引導進步，救國家的有識之士，但終因絕大多數人，包括官員百姓保守無知，不要說創造正面變遷、引導正面變遷不可得，就連因應變遷也不可能，如果說多數人無知變遷、漠視變遷，而容許有識者去創造、引導變遷，就變遷因應的角度而言，「雖不滿意，還可以接受」，不幸的是，官府百姓聯手抗拒變遷、阻礙變遷、破壞變遷，錯失變遷革新救國的機會，終於導致清政府的滅亡。反觀日本維新，獲致多數人的支持因應，維新成功，成為東方霸主。

殷允芃等(1993)進一步觀史指出，中國第一條鐵路早在1865年由英商在紫禁城宣武門外建成，通車後，火車噴火，群眾害怕，鐵路終被拆除；第二條松滬鐵路於光緒二年，也由英商建成，通車後，被人認為是妖怪，不久又撞死人，總理衙門買下鐵路，拆往臺灣，成為劉銘傳鋪設的基隆到新竹的鐵路，是臺灣經濟發展的主要動力之一；第三條唐胥鐵路，於光緒十八年建成，卻不准用機關車，而准用驢馬拖拉，蔚為奇觀。建拆鐵路的事實，代表清朝官府和大部分百姓的思考模式，反應在社會變遷之上，則成為非理性地抗拒、阻撓和破壞變遷的事實，從此，清朝當然一蹶不振，而臺灣則蓬勃發展。歷史可以為鑑，可見教育百姓，使之能認識變遷，理性地因應變遷、適應變遷，甚至於引導變遷、創造變遷確實不易，至少亦應使之能判斷變遷的價值，了解變遷的需要，適應變遷的必要，才不會盲目地抗拒變遷或阻撓變遷，以致影響到正向變遷的發生和進行。

陸、變遷的因應

目前，各級學校在課程設計和教法運用上，大致上都會顧及學生思考能力和適應現代生活的能力，而高級職業學校則特別強調了「培

養因應變遷、創新進取和自我發展之能力」(教育部，民76)，楊國樞
(民67) 提出現代社會的心理適應辦法：①以樂於變遷的心態來面對
變遷。②以設身處地的能力，了解別人的真意。③以民主平權的性格
來適應分殊歧異，知識的爆增和參與的高張。④以守法守諾的精神，
維持社會運作，保障彼此的自由與權利。⑤安排人際感情歸屬，消除
空虛，增長適應之可能。⑥改進個人技能，導引實現自我。⑦善於自
處，表現坦然充實，這些觀點很能說明時代變遷快速，個人微觀上心
理的適應和需求，也是本文下面所闡釋的樂於接納變遷、解析變遷、
選擇變遷、適應變遷、充實自己、宏觀視野等觀點思維上的基礎。

一、樂於接納變遷

社會正朝著現代化的方向在變，不管你喜不喜歡，它都朝著這個
方向走(楊國樞，民67)，這些變遷有些可能向前進、向上進，有些則
未必如此，無論如何，變遷既然是一個「怒吼的潮流」，便只有調整個
人的心態，樂以因應，因此，首先要有樂於接納變遷的心態來面對變
遷，迎接變遷。

變遷常常顯現新鮮，常常造成全新的情境，也往往展示新奇，不
管你喜不喜歡，歡不歡迎，它都一樣地從你身邊滑過，甚至於包圍著
你，開始影響著你。我們不要不肯改變，不要不肯調整，我們要有面
對新奇，接受挑戰，再入新境的喜悅和勇氣，經常提醒自己，要以一
顆知所變通的心，樂於變遷，歡迎變遷，接納變遷。

再說，也要先有心理上的接納，才能啟動實質上的接近，有了實
質上的接近，才會有深入的了解，這是常理常道。實際經驗上也是如
此，通常問題發生時，如果逃避問題，問題反而不得解決，要解決問
題的第一步就是面對問題，接納問題，接著才會接近問題，把它放在

心上，攬在手上，方便於近觀，有助於細瞧，才能引發而蒐集到真正切合的相關資料，進一步做多方面、多角度的分析、了解和掌握。因此，因應變遷的第一步——樂於接納變遷是合理的。

當然，接納不等於接受，它只是成熟的人面對問題，或因應變遷時，基於理性思考，以個人寬廣的心理空間和處事的彈性，將問題暫時納入，以利處理因應的必要歷程，絕非問題處理的結果。不過，卻是因應變遷最重要的第一步。

二、解析變遷

變遷的社會，變遷的項目很多，內容很複雜，各項目間重要性有區別，價值性有正負、高下，因此，當面對蜂湧而來的諸多變遷時，我們首先表示了接納，歡迎的態度，接下來，更重要的是應該分別予以理性、客觀地解析、詳細予以解讀，認識其項目，了解其內容，掌握其發生的背景，比較其先後，對照其內涵的實際差異，深究其內涵的正負意義和精神價值，未來普遍化後，對個人、家庭、社會的影響……等等，以做為下一步選擇的依據。

當然，此處所述之解析，很難擺脫個人主觀的價值判斷，為了儘量避免個人主觀的偏狹，在整個因應上，我們尚且提出充實自己和拓展宏觀視野的策略，以求降低以管窺天、目光如豆的機率，在「充實」和「宏觀」的背景下，個人一旦能有客觀、理性的思維，則各人的主觀會變成「互為主觀」(intersubjectivity)，互為主觀就形同客觀（林玉體，民71），因此，個人基於理性、客觀的基礎所做的主觀解析或判斷，實質上具有相當的客觀性，可做為下一步驟——選擇的參考。

三、選擇變遷

第三步便是選擇變遷。

變遷不一定代表進步，而變遷偏偏何其多，每一次社會改革或政治制度的調整，代表較為鉅觀的變遷，而新的日常生活機具的發明流行，也代表一種變遷，變遷已是無可避免的趨勢，因此，解析變遷之後，所面臨的是如何選擇的問題，至於選擇的標準何在，林玉体（民71）認為向上及向前的變遷，也就是能帶來進步的變遷就是有價值的變遷，他進一步提出兩個標準做為衡量「進步的變」的參考：①能幫助人類來控制、支配、及利用自然的變化，乃屬進步的變化。②能促進人際關係使之更趨和諧的改變，也是進步的改變。因此，一般在選擇變遷，決定適應、漠視、抗拒甚或阻撓、破壞時，可以考慮以下幾點：

(a)變遷是否具有充分的意義

(b)變遷是否具有相當的價值

(c)變遷是否有利於國家社會

(d)變遷是否有益於世道人心

(e)變遷是否有助於安和樂利

(f)變遷是否有助於生活品質提昇

總之，選擇是一種複雜的過程，往往也形成非常紛歧的結果，比如：服裝的改變、流行，從拒絕、接受到喜愛，言人人殊，差異何其複雜，又如共產的生活方式，幾乎是人人逃避，民主的改革是一種進步的改革，大致上人人願意接受，又如教育的變遷改革，其拒絕、接受、支持、反對之間就相當紛歧，如自願就學案、大學聯考改革案等事，可見改革大不易，選擇多困難。

四、適應變遷

　　大致說來，變遷有負向的變遷、正向的變遷，也有無關正負的中性變遷。對於負向變遷，自合予以捨棄、拒絕、阻撓或破壞，使之不能流行。中性或正向的變遷，則由個人做適當的因應——調適或適應(adjustment)。

　　面對正向的變遷，應該跳出個人好惡、個人偏狹價值觀，拋棄個人偏差的意識形態，理性的設法適應，此一適應是指想滿足自己的需要(need)而與環境發生調和的過程（賴保禎等，民73），就心理衛生的觀點而言，有單向的適應（王鍾和等，民71），鼓勵人類以順從做為順應的方式，此種順從是指一個人僅改變行為，使之合於外來期望，並不考慮到信念與態度的改變（李美枝，民69）。這種適應也就有失獨立自主的意義。

　　近人倡議雙向適應，引導個人在變遷與自我之間找到穩定的平衡點，極具樂觀和希望的成分，此種適應方式，始自於對環境變遷的樂觀、了解和接納，接著是主動地調整自我的認知和舊有的心態，包融變遷的內容，或運用自己的創意、能力，修飾了變遷的形貌或內涵，融合而形成適合自己和環境（變遷）的新形式。這其中互動和修正可能持續相當時間，最後，當事人完成了認知和實質的心理平衡，終於適應完成，對生活再度產生一種具有控制力的感覺（林彥妤，民80）。

五、充實自己

　　充實自己的外在需求來自於知識的爆炸和知識在變遷社會中所顯示的重要性。知識爆炸原是變遷的現象之一，它包含知識的量增、質變，以及半衰期的縮短。至於知識的重要性，培根說:「知識就是力量」，在知識爆炸的時代，知識是人類從事各種活動的主要資源或資金，誰

掌握了知識或資訊，誰就容易獲得主導的地位。

因此，一個現代人或一個現代的組織要在變遷的社會中，迎接變遷，想要精確的解析變遷，再進一步決定或選擇變遷，最方便最可靠的便是擁有足夠現代的知識和訊息，用以涵蓋整個變遷的事項，才能作出最合理的選擇。因此，充實自己成為因應變遷的重要策略。當然，充實自己應包括相當的知識技能和態度、學習方法、思考方法以及人文素養……等等，其中以求知方法最應重視，求知的方法，就是教育自己的方法，將來的文盲，不是不識字的人，而是不知如何去學習的人（Toffler，民61）。可見習得學習方法，用以教育自己，充實自己的重要性、必要性。

六、宏觀視野

李總統登輝先生在民國82年9月18日，於豐原中等學校教師研習中心向全國高中高職校長講話，提示要培養青年學生宏觀的視野。宏觀的視野是面對快速變遷的利器，是現代人不可無的特質。

宏觀的視野就是眼界寬廣，慮事周延，也就是凡事看得遠、看得高、看得深、看得廣。具有宏觀視野的人，凡事即能表現統觀的能力，能看到整體，也能觀及細部，能從整體析及部分，也能從部分推及整體，是常人所說的既能見林又能見樹的才識。

具有宏觀視野的人，具有分辨事項輕重緩急的功夫，因此，不致於只見到腳邊的玫瑰，而忽視天邊的彩虹；不致於重鴻毛而輕泰山；具有宏觀視野的人，不致於未學會走路，未踩穩腳步，就急著要學跑步；具有宏觀視野的人，不致於不自量力，以螳臂擋車，或扮蛇吞象。因此，如果他是掌握方向盤的司機，他不會只一味求快，而忽視車子的狀況和路上可能潛在的危機。

　　總之，具有宏觀視野的人，是一個穩重成熟、知道如何做出穩當、合理選擇的人，他不會拋棄該留下來的，也不會留下該拋棄的。因應時代的快速變遷，人人需要做個具有宏觀視野的人。

柒、結　語

　　從前述簡要之分析，可以了解變遷或改變不一定帶來美景，但是，不改變、無變遷，美景就遙不可期。因此，變遷或改變是帶來美景的必要條件（林玉体，民71）。換言之，如果拒絕改變、拒絕變遷，就只能維持現狀，而絕對不會有進步的可能。因此，我們自然應該歡迎正向的變遷。正向的變遷、好的變遷，常常代表進步，時代變遷也常常象徵時代的進步，生活其中，而不能調適自己與外在變遷的環境求取互動後的平衡，就是不能與時俱進，所謂不進則退，相對的應該是退步了。

　　幾年前，加拿大東部有一個十一歲的小孩，因為老人病而禿頭，動脈硬化、皮膚滿是皺紋，無精打彩，模樣全是個八、九十歲的老年人，十一年的歲月，就像是歷經了八、九十年才會有的生理變化，死的時候才十一歲，形貌上卻真是老人了，這種主客體變遷速度的鉅大差異和兩者間身心調適上近乎絕對的困難，象徵變遷對人類的挑戰，是多麼地不可思議。同樣的，如果我們的心理、智慧無法跟隨時代變遷而與時調適、推進，造成心理和智慧發展上的落差，此種心智上的差異，有可能發展成時空上的阻隔，屆時，將被時代的巨輪遠遠地拋在後頭。此種對時代變遷所造成的理念差距，如完全無法理解、因應，就好像是置身另外一個世界一樣，會充滿「孤獨」、「無適」、「無助」的感覺，此寧非人類之福。

　　因此，本文首先闡釋變遷代表時代的變化、時勢的推移，變遷是一種必然的趨勢，其中有建設性的變遷，也有破壞性的變遷；有小的變遷，也有大的變遷，類型規模不一而足，隨時隨處可能不斷地發生，當變遷來臨時，人們通常會有「破壞變遷」、「阻撓變遷」、「抗拒變遷」、「漠視變遷」、「無知變遷」、「適應變遷」、「引導變遷」和「創造變遷」等不同類型不同強度的反應，這些不同的反應將會造成絕然不同的結果，而這些不同的結果小則影響到個人生活內容的好壞，大則決定社會的榮枯、國家的興衰，因應變遷之重要性，不言可喻，因此，應積極教育百姓知所因應，那就是「樂於接納變遷」、「迎接變遷」、同時「充實自己」，以「宏觀視野」，運用智慧來「解析變遷」、「選擇變遷」、「適應變遷」，尤其，對建設性、正面性的變遷要極力求其適應，甚至於以正義、善良、智慧的創造力來引導變遷、創造變遷，對於破壞性、負面性的變遷，要設法拒絕，甚至予以消弱、阻撓、破壞，使之消失於無形。總之，就是用心因應，以免拒絕了珍珠而迎進了砂石。

緩和師生衝突的青少年常規輔導策略

壹、前　言

　　青少年是青春期到成年之前的階段，以生理年齡來說，約略從十二、三歲到十八、九歲（莊懷義，民79），以學習歷程而言，則正好是國中和高中、職的時期，時間長達六年。不但是一個人成長的重要階段，也是學習的關鍵時期。

　　青少年容易由於面臨了和父母分離的焦慮(separation anxiety)，學業成就競爭的壓力，以及緊張的師生關係，而產生了所謂的學校壓力恐懼(school phobia)（莊懷義，民79），此種恐懼症，對學習會產生不利的影響，比如，造成學習態度欠佳就是明顯的例子，此種因壓力所造成的學習態度欠佳的學生，常會以「被動—攻擊」(passive-aggressive)的態度反應在學習上（莊懷義，民79），不但造成同儕關係的緊張，也容易導致師生的衝突。因此，值得重視。

　　青少年常規輔導是重要的教學活動，其運作歷程和結果同樣會給學生帶來緊張、焦慮和壓力，而引起師生的衝突，造成不良的結果，因此，本文擬討論師生衝突的原因，衝突所造成的傷害，並提出緩和衝突的常規輔導策略，作為教育同仁之參考，以減少或緩和師生間的衝突。

貳、衝突的原因

師生衝突的原因很多，作者根據若干文獻，分析並歸納為下列四項。

(一)青少年的心理特質

青少年心智未熟，穩定性低，爆發性高，美國的心理學者霍爾(G. S. Hall)曾以「狂飆期」、「矛盾期」、「苦悶期」、「挫折期」來形容青少年心態發展和心結表現的狀態，也有人以「精神的酗醉」和「頭痛的年齡」來描述，實際上，青少年由於身心快速發展，情緒易受激動；崇尚理想正義，常有爭強好勝與群黨類聚的情形；他們反抗權威，酷愛自由之心萌興，不喜歡拘束干涉；追求流行、勇於冒險犯難，崇拜英雄偶像，自己有其獨特的次級文化（莊懷義，民79）。因此，他們常不能了解自己，也無法掌握自己，他們真是處於尷尬的時期。從幼年觀之，他們長得十分高大，從成年人觀之，他們似乎十分幼稚。無怪乎張春興教授要以「美麗的名稱，模糊的意義」，「希望的過渡，彆扭的年華」，「人格的成熟，角色的混淆」來形容青少年了。明乎此，即不難了解青少年為什麼容易和別人起衝突了。

(二)師生關係的統制與附從

師生關係的統制與附從是導致師生衝突的重要因素。我們了解，教學或輔導效果的產生，來自於師生間的交互作用。吳武典認為老師的權力大，學生的權力小，老師影響學生多，老師受學生的影響小。在學校裡頭，學生是一個弱者，他沒有選擇的自由，他充其量只能作心理的抗拒（吳武典，民75）。

認為學校之中的教師與學生，兩者需求相互衝突，老師代表正式

課程，希望將其灌輸給學生，學生則關心自己的生活環境，而不關心教師所提供的成人生活課程，教師所建立並維持學校的社會秩序，學生則予蔑視，師生態度不同，相互敵對的情況永遠無法完全袪除。因此，學校是一個處於危險平衡狀態的專制組織（林清江，民64）。以此觀之，師生間的衝突似乎是一種「正常」的現象。

㈢師生間認知的差距

師生雙方在年齡上或多或少有若干差距，尤其教師代表成年的社會，希望將成年社會的文化價值、公設規範，傳遞給學生，其間認知的差距更大。英國露沙(E. Rosser)和哈雷(R. Harre)從衝突的觀點探討學生們如何想像他們所處的家庭和學校環境，發現學生們對於生活情境的看法與父母及教師的觀點大不相同，父母及教師對於學校與家庭教育常以正式方面著眼，而學生則常採取非正式的觀點，學生認為學校是處於和他們對立的地位。甚至於有許多學生根據學校能夠提供他們多少歡笑(laughter)來判斷學校的好壞（陳奎憙，民75），這些認知上的基本差距，自然容易引起師生間的緊張和衝突。

㈣輔導欠當

師生互動的歷程，多半反映在教學、輔導和管理活動之中。所謂衝突亦多半由此而生，吳武典分析師生衝突導因於過度的懲罰、過度的競爭、不當的增強與示範以及雙方鉅大的期望差距等（吳武典，民75），這些過度的作為，可歸納為輔導方式的欠當，當然，此種當與不當，本極難區分、認定，同樣一種輔導狀況，在尊師重道古風濃烈的時代，可能絲毫不成問題，在社會急速變遷，「只要我喜歡，有什麼不可以」的時代，恐怕就有不同，因此，對師生心態的把握，輔導情境的了解與輔導方式的選擇，對緩和師生衝突，就顯得十分重要。

參、師生衝突的傷害

師生衝突的現象可有多種，如心理的、情緒的、表情的、語言的和肢體的幾種。心理衝突發生，學生可能只在內心有不喜歡、不舒服、不以為然的感覺，其現象輕微；情緒的衝突，則可能已產生了焦慮、不安甚至於強烈的厭惡；到了表情的衝突，則衝突焉然寫在臉上，學生可能有迴避、怒視、嗤之以鼻的情形；而語言衝突，則已出現頂撞、強烈辯解、出言不遜的情形；最嚴重的則是爆發肢體的衝突。這些或輕或重的衝突，直接影響學生道德的發展，影響教師增強與示範的效果（沈六，民75），有礙於學校教育功能的達成，因為師生關係影響學生的學習行為，甚至影響到學生一輩子的成長（吳武典，民75），師生關係的冷漠、無常、緊張，影響到整個學習氣氛，進而影響學生的學習動機、學習態度、學業成就，甚至於人格陶冶。許多人在求學過程中有這樣的經驗：對喜歡、敬佩的老師，他所教的那一門課，學生會比較用心研讀，因此成績也會比較好；反之則反。可見，師生一旦發生衝突，師生關係陷入低潮，不但學生一時心裡難過，心緒失衡，恐怕會造成該生從此不願進入知識的園地，或遷怒，或影響良好道德意識的發展，終致有害教育輔導效果的彰顯。

肆、緩和師生衝突的輔導策略

師生衝突所造成教學、輔導上的傷害既然如此之大，尋求緩和衝突的策略便十分重要。基本上，如能本乎人師的愛心、耐心與關懷，再運用適當的策略，經由某些可行的途徑，應可緩和師生之衝突，提

高教育的效果。茲說明如下：

(一)樹立專業形象，運用專業權威

就社會學的觀點而言，所謂權威(authority)是正式控制他人行為的既成權利，而教師的權威有來自於他職業聲望和傳統文化所賦予的，所謂地位權威；也有來自於有司所賦予所謂職務上的法定權力；更也有來自於教學和輔導專業的專業權威，此種專業權威建立於專業理論的知識（林清江，民70），也建立於專業行為之上，此種專業權威的選用，最能避免師生衝突，獲得學生的信服與認同，產生教化的效果，最值得教師運用。

今天，由於社會變遷的結果，使教師專業權威的重要性高於地位的權威和法定的權力，因此，教育工作者轉而追求專業理念，表現專業行為，如愛心、耐心的發揮，同理心的運用，以及充分溝通，合理接納……等，以樹立專業形象，展現令人心服的專業權威。這種專業權威的樹立、運用，可以客觀分析學生問題，改變學生的行為方式，可以端正領導學生的方法，提高教學效率，也能協助改進學校組織與行政，造成教育的功能（林清江，民70）。

(二)轉換輔導管教方式，發揮積極功能

轉換輔導或管教方式，具體地說就是捨棄形式上較為強烈、具有傷害威力的報復性方式，比如「體罰」、扣分、申誡、記過等等，而改以較為和緩，非報復性的替代方式，如對曠課、遲到的學生，在說明缺曠課對學習者不良影響以後，改以自學補足或額外自學作業等方式，讓學生佔不了「便宜」或「投機」無效，又能再度獲得學習效果等。其他一些侵犯性的過失，如打架等，則可改以存過銷過的方式，或安排服務、勞務、友愛同學等活動，或採取自然懲罰方式，暫時剝奪其所喜好的活動機會等方式來處理之，不但可以避免師生直接衝突，還

能收到積極正面的訓輔效果。

(三)修改法規內容，發揮正面引導效果

有些規定看似合理，實則未必合理，此時，可以透過修改法規，改變、放寬尺度的方式，改變現狀，使原本不合規定的狀況合乎規定，尤其，在社會變遷如此快速的時代，實在應該經常檢討現行校規的合理性、合時代性，如此自然可以避免或緩和師生之衝突。

如：過去對頭髮長度採取較嚴格的規定，師生間常因此而有不必要的衝突，其實，髮長乃教育活動中之小事，後來因時代變遷，觀念調整而放寬規定，衝突立即減少甚或消失。

又如：當前各校重視美化，綠化校園，大家對綠地之維護不遺餘力，學校操場跑道外圍榕樹下，栽植一條可愛的綠帶，本來綠帶十分完整，偏偏有學生走出了一條兩米寬的小徑，訓導處屢勸無效，多少學生因而挨罵挨罰，後來，學校當局選用修改法規內容的策略，細予評估，決定因著既行小徑鋪上石板塊，結果成為林中小徑，既無礙美化，學生也走得坦然、當然、舒然，踩草的衝突從此消失，此即為修改法規、放寬尺度，使學生行為合規定化的具體例子。

(四)因勢利導，自然遵行

學校由於管理的實際需要，自然形成許多法規通則，以供學生遵行，但是，如果規定過於僵化，或學生有意無意的忽視，無形中亦會造成許多學生違規記點扣分，到了期末，清算總帳，難免會有學生「提早畢業」，影響學生之學習至鉅。比如，學校規定人人均須參加升旗典禮，遲到、未到者均予登記扣分，實則，有些遠道者，基於交通狀況的限制，應可准許學生專案申請免參加升旗，以解除這一部分的學生來不及參加升旗而遲到登記扣分的可能。他如，有些缺課學生，常有意或無意作瀟灑狀，遲遲未有請假動作，造成曠課扣分。其實，只要

輔導學生透過合規定的請假手續，就不必落得曠課扣分的結果。又如，學生或有作弊情形，嘗試轉換命題方式，改為開書考試，讓開書考試成為自然而合法的行為，不但去除考試作弊的惡名，對學生來說，也能獲得學習和測驗的新經驗，可謂一舉數得。

㈤運用有效輔導方式，發揮輔導功能

青少年不歡迎權威，他們喜歡得到尊重，因此，如同道德教學一樣，要多運用講理式的引導，多說明，多授權。另外「切題」、「切心」，更能達成有效的溝通。在常規輔導時，除掌握說什麼之外，更要知道怎麼說，因為，就輔導效果而言，怎麼說，常常比說什麼更具關鍵性，比如青少年不善承受命令，在常規輔導時，我們可以將應然的語式化妝成實然的語式，以客觀的方式表達出來，可以減少常規教育時受教對象的心理抗拒，而緩和衝突，達到輔導的效果。如：「你不應該作弊」，「作弊是不正當的行為」，這兩句話，後者的口語、口氣就比前者要溫和（歐陽教，民65），比較不容易引起師生衝突，可見，選對了輔導方法，輔導已經成功了一半。

伍、結　語

總而言之，師生共同生活於校園之內，儘管有對立衝突的潛在可能和現象，但不必使之成為凸顯的衝突事實，我們真的可以透過對問題的了解，提供若干有效的策略，教育工作者本乎愛心、耐心與關懷，從提昇專業能力，樹立專業形象，發揮專業權威，轉換輔導管理方式，修改不合時宜的校規、典章，因勢利導，使學生的行為合乎規定，或多運用有效的輔導方式，如此，消極的可以降低衝突、緩和衝突、消除衝突，積極的可以創造融洽的校園氣氛，發展和諧、合宜、親密的

師生關係，則予學生課業學習、心緒成長和道德發展，對常規的形成，必有助益。

從珠算學習的本質論珠算教育的啟智功能

壹、緒　言

　　珠算是一種以「珠」計數的古老計算方式，遠在春秋時代就有以「竹籌」來計數的情形，到了南宋（西元1274年）不但已有珠算歌訣，在《算經》中也已出現了「算盤」的名稱，到了明朝，算盤已廣為流傳（邵振山等，1993），隨著時代的變遷，國際文化的交流，珠算亦流傳到朝鮮、日本、美國，且日受重視，以臺灣目前實際情形而言，應用算盤的珠算教學，不但列為高商學校的正式課程，在民間課餘輔導活動中，更是受到相當的重視（李錫津，民81）。

　　珠算所以能在實際生活中受到重視，和珠算的工具特質與實用功能有關，比如，它構造簡單，製作容易，造價便宜，攜帶方便，操作輕鬆、靈巧，學習簡易，計數精確，非常適合於一般商家使用和學童學習，晚近以來，由於認知理論的開發，對人類智力結構、智能開發的了解，教育學者和珠算教育工作者，逐漸體會到珠算在實用功能之外，還有非常重要的啟智功能，同樣值得大家重視。

　　有鑑於此，本文擬運用資料分析的方法，先析述珠算學習的本質和人類智力結構狀態，再進一步將學習本質與人類智力結構相互對應的部分試作聯結說明，為珠算教學的啟智功能嘗試建立理論基礎。

貳、珠算學習的本質

珠算學習活動的性質，和其他普通學科比較起來，有其相同之處，也有相異之處，珠算之學習在使用算盤或空算盤，亦即影子算盤，作為計數的輔助工具，的確有特殊之處，亦有與其他學習共通之處。本節將分學習現象、學習領域等學習要件來敘述。

一、珠算的學習現象

黃繼魯(1992)研究指出，算盤具有直觀操作性能，在學習上具有幾個特點：

1. 珠碼的直觀性：亦即以珠碼直接顯示出數的意義，如一顆珠表示1，兩顆珠表示2。
2. 豎檔的示位性：亦即在盤面上確定某一個檔位後，其他各檔的位次也跟著決定，在操作、辨認上相當明確。
3. 操作性：珠算計數，以算盤檔次的珠子為撥弄之基礎，因此，珠算之運用自然具有操作性。

依此，在實際學習上，我們可以直觀發現如下現象：

1. 眼腦直映：眼睛收視算盤的形影，腦中便立刻收到形象，並同時轉化為訊息。
2. 腦中計數運作：大腦收訊後，立刻運數核算並回應出結果。
3. 手眼協調：大腦接獲訊息或計數後，透過眼睛，並指揮手指，正確進行撥珠動作。
4. 手勢操作：手接受了大腦指令，移撥算珠進入定位。
5. 影像留存：此一部分尤其指心算部分，學習者或腦中有一算盤，雖

無使用算盤之實，卻焉然有一算盤影像存供操作。

這一系列現象發生順序，可能是先有眼腦直映，接著是腦中計數，再透過手眼協調，指令手指作勢操作，而影像留存，可能具有統整、統觀的作用，出現在心算運作歷程中。

二、珠算學習的領域

教育目標的領域可分為三類（黃光雄等，民72），即認知的、情意的及動作技能的，分別由Benjamin S. Bloom, David R. Krathwohl, Bertram B. Masia及Anita J. Harrow等人提出，每一個領域還依據其能力的複雜程度，劃分出幾個高低不同的層次，茲簡述如下：

(一)認知部分

認知部分可分為知識、理解、應用、分析、綜合和評鑑等六個層次，和啟智明顯相關。

珠算的學習、練習雖然操作練習的分量最重，但是即使純動作的學習，實際上亦無法完全脫離認知的部分，比如，對算盤結構、算盤歷史，打算盤的姿勢，執筆方法乃至撥珠指法，清盤置數的要領，數字的書寫、訂正等等，尤其是上述各種同性質方法間的比較分析，再根據個人學習特質加以取捨運用時，就會涉及認知部分的較高層次，如應用、分析、綜合、評鑑等。

黃繼魯(1992)曾指出，珠算的撥珠操作活動，始於感知，終於動作，黃氏認為至少有四道工序：①通過眼或耳，傳入計算訊息②眼看盤面算珠進行分析綜合③採取措施發出指令④手指接受指令進行撥珠。也說明操作性極強的珠算運珠過程中，仍然有分析綜合的成分在內。作者就實際運用觀之，黃氏所指第四動作完成撥珠後，整個歷程又回到認知的部分——判讀紀錄，因此，珠算運作是始於感知，又終於感知

的。

　　可知，真正的珠算教學，珠算練習，仍然有智力領域中高層次的認知學習歷程，這是珠算教師和學習者不可忽略的部分，未來宜將此一部分做進一步之研究，以突顯其效果。

㈡情意部分

　　珠算學習的情意目標是珠算學習的重要部分，這些目標包括對珠算、珠算學習的①接受②反應③價值的評定④組織⑤形成持久穩定的態度和品格等層次。是引導學生真正喜歡學習珠算，能否學好珠算，並將珠算學習延伸用以促進智能發展的重要關鍵，珠算學習的情意部分也是學習珠算以後，將珠算學習的成果加以正用、善用的重要部分。

㈢動作技能部份

　　動作技能的學習(Psychomogtor and Skill Learning)包括一般生活、體能訓練，職業技能，藝能發展的學習，凡是需要控制隨意肌的身體活動皆屬之（朱敬先，民75），珠算學習是典型的動作技能的學習，主要包括兩個階段：第一階段是單一的S–R的聯結，第二階段是經連鎖化，把許多已學得的S–R再串連在一起，成為一連串有順序的活動或一個有組織有系統的習慣。

　　按學習動作加以檢討、解釋和歸類，可以分為反射動作、基本動作、知覺動作、體能、技能動作和有意溝通等幾個層次。如依動作技能的學習歷程（Fitts, 1962；李錫津，1993）來看，可以有如下的幾個歷程：

　　㈎認知期

　　㈏接納期

　　㈐練習期

　　㈑精熟期

(e)定位期

(f)自動期

(g)發揮期

實質上，這些期望中的功能，在學習者學習之前，就應有相當的準備度，也就是相當的專注，相當的條理，而後才能透過正式學習而邁向較高度專注，較高度條理或成熟、穩定的專注或成穩定的條理。

總而言之，珠算「教學」，本質上和其他學科如物理、化學、國文一樣，其學習本質是複雜而周延的，在學習現象上，極具統觀性、歷程性、認知性、操作性。在學習領域上包括認知的、情意的和動作的完整領域，在學習要件上之需求無異其他複雜學科，可見學習珠算，仍然需要有高度智能，既需要高度智能，則學習歷程上，學習結果上，自然有助於啟智，本文將再進一步探討，使之更為明確。

參、文獻回顧

目前，珠算啟智功能的實證研究尚不多見，本文將作一簡單回顧。楊渠弘(1992)研究指出：

(1)國小學生學習珠算，在瑞文氏非文字推理測驗上，各年齡組平均所得分數，大多數較一般學生為高，標準差較小，在學科，如國語、數學、常識成就測驗上，其總分也較一般學生為高。

(2)在國小同屬學習珠算的學生之比較方面，發現段級高低與智力沒有相關，不過，在學科成就方面，國語、常識科的成績與段級高低沒有相關，但和數學科成績高低則有顯著相關。

趙鴻生(1993)指出：幼兒學習珠算或心算，符合幼兒生理特質，能達到開發智力，提高素質，他指出在石家庄鐵路第二幼兒園經過二年

多的實驗，五十名六歲幼兒，每天定時學習訓練一個小時，十個月後，超前二年，達到約超過小學二年級的數學水準。

劉善堂(1993)指出：學習珠算充分調動了兒童對數的概念，可以誘發兒童潛在的超常功能，可以相應地做到早期開發兒童的智力，培養非智力因素。

此外，根據許多從事珠算教學的先進指出，學習珠算確實可以引導學習者轉向專心、傾聽、冷靜、條理、迅速記憶、信心、追求精確等特質。這些特質實質上有助於學童智能的表現，也是珠算學習具有智能的一個明證。

肆、智力結構與珠算學習的啟智功能

美國學者基爾福特(J. P. Guilford, 1956, 1967, 1977)曾提出智力結構（The Structrue of Intellect, S.O.I.如附圖）模式，運用因素分析及形態綜合(morphological synthesis)的方法，從運作(operations)、內容(contents)及結果(products)等三個向度來說明人類智力的結構，認為智力是由四種內容──圖形、符號、語意及行為，五種運作──認知、記憶、擴散思考、聚歛思考及評鑑，以及六種結果──單位、類別、關係、系統、轉換及應用，所組合而成，依此而論人類智力，便有120種之多，後來，基爾福特又將智力結構中的圖形分化為視覺和聽覺兩種，因此，人類智力便有150種之多（陳龍安，民77）。人類的智力便是這三種向度中各因素交互作用的結果，本節將以S.O.I.的模式為基點，分析人類的智力結構、智力內涵與珠算學習之間的關係，以進一步說明珠算教育的啟智功能。

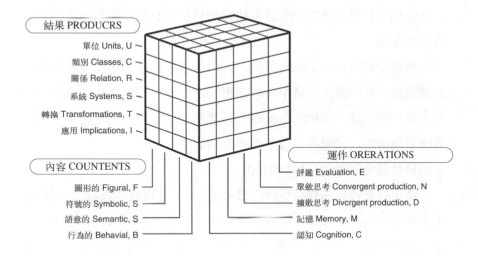

圖一：基爾福特智力結構模式（採自Guilford, 1967）

一、運作(operations)

這是指個人面對資料、處理資料，或面對問題處理問題時，所用的思考方式，也是智力活動的主要歷程或作為：

1.認知(cognition)

是指覺察(awareness)、發現(discovery)，再發現(rediscovery)或認得(recognition)所提供資料的能力。

珠算學習歷程中，首先就須充分運用到認知能力，比如：珠算的起源、發展，算盤的結構，算珠的數值意義，檔位以及撥珠的方法，撥珠方法之間的比較，數字的寫法，各種口訣的認識以及應用珠算計算實際問題，對問題的認知與了解等，都需運用到智力中認知的能力、認知的方法。

2.記憶(memory)

指個人對過去所認知的資料的保留情形，也就是資料的儲存和再應用的能力。

珠算學習內容中認知的部分，如口訣等，均必須運用記憶能力，才能將這些資料儲存於腦中，待使用時，回憶再現，如果沒有記憶的能力與記憶活動，就無法在後續的珠算學習活動中，使先前學習的內容忠實地再現，或運用先前學習過的內容。

3.擴散性思考(divergent thinking)

擴散性思考是指利用不同的思考方向,不受現有知識範圍的限制,不遵循傳統的確切方法，而採取開放和分歧方式，以衍生各種可能答案或方法的思考方式，此項智力在傳統的珠算教學上較少運用，今後在珠算教學時，應加以引用、結合，如鼓勵學生以所學指法、執筆方法、運算方法或口訣，加以創新、轉化成更便捷、更準確、更迅速的方式，就可以啟發擴散思考的智力。

4.聚斂性思考(convergent thinking)

聚斂性思考是指個人利用已有的知識和經驗，按照傳統的方法，從儲存資料中尋求正確答案的推理或邏輯性思考的能力。

目前珠算學習歷程中，已運用到此項智力，以學得正確無誤的基本知識和各種操作技法，並實際運用到運算上。

5.評鑑(evaluation)

評鑑是指個人依據某種標準,對我們所認知、記憶及思考的事物,分析其好壞、是非、適當與否，以便做價值性的判斷或取捨的能力。

在珠算學習時，事實上，教師已可以引導學生根據個人學習的特質就各種技法，做一評鑑，而後選取適合自己的操作方式或方法，同時，對運算結果對錯之檢查也須運用此一能力來評斷。

可見在S.O.I.智力結構模式的運作向度中,珠算教學已充分運用到認知與記憶兩種能力,對聚斂性思考和評鑑兩種能力也有相當的運用,擴散性思考能力和其他許多學科一樣,並非不能運用,只是有待教學者加以用心引導而已。

二、內容(contents)

內容是指個人在認知或思考時,材料所呈現的形式,包括圖形的、符號的、語意的和行為的幾種。

1.圖形的(figural)

圖形是一種實在的、具體的可以用感官覺察出來的非抽象的材料,基爾福特又將之分為視覺材料和聽覺材料兩種,前者如大小、形式、位置、圖片、實物……等,後者如聽到的聲音等。

在珠算學習練習過程中,從珠算學習的本質,可以發現珠算視覺練習,透過眼腦直映,尤其位數多時,學習者運用的是影像直映,多位數一目統觀的能力,可以瞬間一次將數字影像攝入腦中,再反映出來,經由手撥形諸於算盤之上,此時,可運用的便是視覺圖形的材料。念算時,所運作的便是聽覺圖形的操作。基本上圖形的兩大內容,在珠算運算上,已有充分快速的運用。

2.符號的(symbolic)

符號是一種形式資料,本身不具意義,其意義是由人們所賦予的,如字母、阿拉伯數字以及其他訊號等,在珠算學習上,珠的數位意義,上下珠在數值意義上的差異,檔位的定義,數字分節的意義,乃至於老師的手勢等,都具有典型的符號功能。

3.語意的(semantic)

語意是指語言、文字、詞句表達意義或觀念的一些資料,例如,

用圖形表達圖形外的一些觀念、花的圖片、表示花以外的概念——如花園、賣花女或美麗……等。

語意的材料在珠算學習上的運用不多，但並非完全沒有，比如，運算上使用的口訣，只是表達一些文字，但在文字之外，卻包含有更多操作上的意義，在眼腦直映或腦中算盤的運作時，同樣含有圖片或影像所延伸的數值意義。這些原初的形態，仍然是珠算學習上的語意材料。

4.行為的(behavior)

行為是指個人或別人所表現交互作用的行為資料，本質上是非文字的，如經驗、人際關係、態度、情緒等社會能力。學習珠算活動的過程中，師生間、同儕間有互動，練習時成效有好壞，比賽時，不同選手的速度、確度也有高下，得獎、不得獎更有不同的情緒反應，這些都是珠算學習內容向度上行為表現的資料，在實際教學活動上教師和學習者恐怕著力不多，但是，這些現象卻明顯而重要的存在，有待珠算教育工作同仁用心注意，努力開發，以擴大並強化珠算學習的啟智功能。可見，在S.O.I.智力結構模式的內容向度中，珠算教育已完全運用到五個因素。

三、結果(products)

結果是指個人以不同的思考運作能力，應用於各類的學習內容，所呈現出來的組型、產物或成果，包括單位、類別、關係、系統、轉換及應用等六種。

1.單位(units)

單位是指單一的結果，是計數的基本單位，如一個人、一件事、一個單字，如將許多物品當作一個整體，也是單位。

珠算學習，珠算之運作結果，珠算之運算計數，很顯然就包含有單位在內。

2.類別(classes)

類別是指一組類似的單位的聚合。

3.關係(relations)

關係是指事物、資料、訊息間的連帶作用，兩者之間所存在的關係，如相似、相反，或因果關係。

4.系統(systems)

系統是指資料項目中之一種有組織或有結構的集合，也是一種各單位交互關聯或交互作用的複雜體，如大小順序，先後順序，或原理原則等。

5.轉換(transformations)

轉換是指由某一項目經過轉變而成另一項目或事物，如雙關語，衍生的意義。

6.應用(implications)

應用是指由一事物導至另一事物，有引伸、擴展、預測的含義，是一種預知結果的能力。

此處以撥珠方法的學習為例來說明S.O.I.智力結構中結果層次的分類和相關意義。按魏貴美(1993)在《台灣地區珠算教學方法概述》中，指出學校教學均採二指撥珠法，用拇指添下珠，食指撥下珠及添撥上珠，撥珠的方法可分為六大類：①添入法②撥開法③上添下撥法④下添上撥法⑤右撥左進法⑥左退右添法，合稱為運珠六法。

　　單位：認識分列的六種不同撥珠法，此時，每一個撥珠法都是一
　　　　　個單位。

　　類別：認識六種不同撥珠法，是屬於同一個類別，亦即都是用以

運撥珠子。

關係： 認識六種撥珠法之間的關係，亦即相同、相異之處，彼此之間有何關連等。

系統： 認識六種撥珠法之間相似、相異性後，進一步了解其特徵、互補性以及運用上的系統關連性或層次性。

轉換： 認識六種撥珠法的含義，也許是方便於計算便於使學習者提高速度和確度，有無其他變形的改良方法或新的撥珠方法，有無可以整合成較少的方法或分化為更細小的撥珠方法。

應用： 將六種撥珠法實際按情境需要，交互應用於計算實況之中，或將轉換所得的方法作實際的應用或推論，預測有無可能設計出新的運珠法。

魏貴美曾將上述運珠六法，又細分為十六種算法，如用來說明單位、類別、關係、系統、轉換和應用之間的關係，或更能具體說明，此處限於篇幅，不再多述。

考諸珠算實際教學，限於教材、時間或學習者年齡、智能發展，一般的教學多僅止於考慮到單位、類別兩個項次，其他關係、系統、轉換和應用，殊不易在教學歷程中認真而有系統的運作和指導，無形中減少了透過珠算教學，開發學童智能發展的項目數，今後，如何在這一部分，增加數學的分量，是值得大家重視的。

依照本節的分析，目前珠算教學如運用S.O.I.智力結構，在運作向度的五個因素中，已經照顧到四個因素，在內容向度的五個因素中，已經考慮到五個因素，在結果向度的六個要素中，已運到二個因素，因此，保守的推估，在基爾福特智力結構所標示的150種智力，珠算教學已能考慮到40種(4×5×2=40)智力，對學童智力的開發自然有極大

的幫助，其餘目前較少觸及或尚未觸及的因素，還可以透過教學方式的改進，繼續拓展、開發，此與其他任何學科一樣，若非經過特別而周延的設計，便無法開發所有150種智力是同樣的道理，此一事實也提醒珠算教學同仁，教學研究的重要。

伍、結　論

本文探討文獻，已有若干實驗研究證實，珠算學習具有相當的啟智功能，為進一步尋求珠算教育具有啟智功能的理論基礎，本文特別採埋論分析與因素探討的方法，探索珠算學習的本質，發現珠算學習具有如下的特別現象：

　　(a)珠碼的直觀

　　(b)豎檔的示位性

　　(c)操作性

　　(d)眼腦直映

　　(e)腦中計數運作

　　(f)手眼協調

　　(g)手勢操作

　　(h)影像留存

這些現象表現出統整學習和綜合運用，而統整學習和綜合運用實際上是智力的表現。其次就學習領域來看，珠算學習和其他學科學習一樣，包括相當完整的三個領域：

　　(a)認知部分

　　(b)情意部分

　　(c)動作技能部分

實際上，認知是智力的基礎，而情意、動作技能的表現，都能益增認知的完整性。而在學習歷程上也都相當完整，包括：

(a)認知期

(b)接納期

(c)練習期

(d)精熟期

(e)定位期

(f)自動期

(g)發揮期

在學習要素方面，也達到了①專注②條理③迅速正確計算等功能，這些也都關乎智能的發展和智力的顯現，因此，說珠算具有啟智功能，就人類智力結構和珠算教學本質來看，是合理性，合邏輯性的。

進一步依據基爾福特人類智力結構所示的150種智力來對照目前珠算教學的啟智項目：

⑴在運作向度中大致上有認知、記憶、聚斂和評鑑功能，擴散性思考，則有待突破和加強。

⑵在內容向度中，視覺圖形、聽覺圖形、符號、語意、行為等五項，大致上均有觸及。

⑶在結果向度中，單位和類別兩項，大致上已能顧及，其餘關係、系統、轉換和應用，就實際狀況析述，應該可以觸及而未觸及，為擴大珠算教育的啟智功能，此向度有待調整。

因此，大體說來，在現行教學運作之下，珠算教育確實具有啟智的功能，且其所能觸及的智力多達40項，其餘各項還可以在教學領域上，再作調整，再求改進，換言之，今後珠算教學應該在技法練習，追求速度、確度之餘，再顧及方法的分析比較、資料的綜合評鑑、關

係結合、系統建立和轉換，以及應用問題之處理與解題，乃至情意的引導等，都需要顧及，如此，透過教學的有效運作，當然是包括了珠算教學，全面開發人類150種智力，應該是可以預期的。

珠算教學的教育價值

壹、前　言

　　先民發明算盤，以算盤做為日常生活中計數的工具，已有一千年的歷史，算盤可以說是我國古代科學文化的珍貴遺產。這期間，算盤的結構、外觀已有許多演化、改變；算盤在生活實用上，仍然保有其地位。即使在電子計算技術發達的日本，珠算在日常經濟活動中也占有極大的比重；甚至在發明、流行電算機的美國，也從日本引進珠算，還把珠算當做是「新文化」（樓南紅，1993）。可見，珠算在科學昌明的科技異域，仍然不失其為生活計數上簡便重要的工具，以臺灣目前情形而言，應用算盤的珠算教學，不但列為高商學校的正式課程，在民間課餘學習活動中，更是受到重視（李錫津，民81）。珠算在實際商務活動中的確有其特殊的效用和價值，甚至有人說：「有商業活動的地方，就有算盤的聲音」，誠有其理。當然，珠算的效用，珠算的教育價值，不僅及於商務和實用。事實上，珠算有其多元性的存在和推廣價值。根據部頒高商課程標準所示，珠算教學的目標屬於：「瞭解我國發明珠算的歷史，認識珠算的功能，引起學習興趣；熟練各科計算方法，獲得準確、迅速及精密的計算技能；具備使用珠算，處理商業應用計算實務作業能力；具有桌式電算機處理商業計算事務的能力；養成觀察、分析、判斷及創作計算方法的思考能力」。這些涵蓋了主學習、副學習、輔學習中認知的、情意的、方法的內涵，兼顧了理論與實務的

需求，可謂廣泛周延，本文基於此，擬先簡述珠算教學的特質，再分就工具性、教學活動性、教育一般性、啟智性、情意性、方法性等角度來析述珠算教學的教育價值，以就教於學者專家，並請指正。

貳、珠算教學的特質

　　李錫津(1994)指出，珠算學習活動的性質，和其他學科比較起來，有其相同之處，也有相異之處。大陸珠算學者，黃繼魯(1992)指出，算盤具有直觀操作性能，在學習上具有幾個特點：

1. 珠碼的直觀性：亦即以珠碼直接顯示出數的意義，如一顆珠表示「1」，兩顆珠表示「2」。
2. 豎檔的示位性：即在盤面上確定某一個檔位後，其他各檔的位次也跟著決定，在操作上，辨認上相當明確。
3. 操作性：珠算計數，以算盤檔次的珠子為撥弄之基礎，珠算之運用自然具有操作性。

　　依此，在實際學習上，李錫津(1994)指出珠算學習有如下幾種現象：

1. 眼腦直映：眼睛收視算盤的形影，腦中便立刻收到算盤的形象，並同時轉化為訊息。
2. 腦中計數運作：大腦收訊後，立刻運數核算並回應出結果。
3. 手眼協調：大腦接獲訊息或計數後，透過眼睛，並指揮手指，正確進行撥珠動作。
4. 手勢操作：手接受了大腦指令，移撥算珠進入定位。
5. 影像留存：特別是心算部分，學習者好似腦中有一算盤，存供運算操作。

其次，珠算的學習、練習，雖然操作練習的分量最重，實際上亦無法完全脫離認知的部分，比如，對算盤結構、撥珠指法、清盤置數的要領、數字的書寫、訂正，或各種方法的比較分析選擇等，就會涉及認知的較高層次，如應用、分析、綜合、評鑑等。

再次，珠算學習的情意目標是珠算教學的重要部分，這些目標包括對珠算，珠算學習的接受、反應、價值的評定、組織以及形成持久穩定的態度等，是引導學生真正喜歡學習珠算，能否學好珠算，並將珠算學習延伸用以促進智能發展的重要關鍵，珠算學習的情意部分也是學習珠算以後，能將珠算學習的成果加以正用、善用的重要部分。

最後，如依動作技能學習的歷程來看 (Fitts, 1962；李錫津, 1993)，珠算學習也歷經了認知、接納、練習、精熟、定位、自動、發揮等期。這些學習歷程和珠算教學方法、撥珠方法，尤其是學習歷程的設計有著密切的關係。

參、珠算教學的教育價值

珠算教學的教育價值，分工具性、教學活動性，以及教育功能性等幾個部分來討論。

一、工具性價值

人類常由於生活上的欠缺與需要，導引出具體的發明，老祖宗早於春秋時代就因於生活的需要，發明了以籌計數的方法，再逐漸演化轉形為今日大家熟知的算盤，可見工具性的功能是發明珠算的原始動機之一。

改良後的珠算，不但可以做加減乘除、開方……等運算之用，尤

有進者， 其加減乘除運算的快速程度遠優於電子計算機（樓南紅，1993），而在今日商務活動或中小企業交往上，也廣受重視，可見自古至今，珠算教學的確具有明顯的工具性價值，直接彰顯許多立即的效用，有助於人類商務活動和生活品質之提昇。

其次，根據神經生理學研究，人體各生理系統中，最先衰老的是神經系統，研究指出：手指活動可以刺激腦神經細胞，減緩腦細胞退化，而達到健腦的功能，如能以雙手運珠，更能交叉刺激左右兩個腦半球，達到刺激平衡，防止早衰，具有醫療、保健的工具或效果（王令九等，1994）。總之，珠算教學，可以產生如下的工具式價值：

(a)計數與計數之應用

(b)商業活動

(c)謀生

(d)醫療保健

二、教學活動性價值

部頒「國中課程標準」，將珠算列為選修科目，在「高商課程標準」中，除廣告設計科、資料處理科，不修習珠算外，觀光事業、餐飲管理兩科，將珠算列為選修科目，其餘如商業經營、國際貿易、會計、文書事務等科，則將珠算列為必修科目，珠算在正式學制規劃中，列為正式教學科目，取得課程地位，殆無疑義。

其次，由於工商發達，社會生活模式改變，在民間課後教學輔導或珠算技藝輔導學習活動，極為蓬勃，這些課程活動或以學前兒童為對象或以國小學童為施教對象的課程輔導教學，其可提供的有關珠算教學的部分，也都有一定的水準，獲得家長的信賴，因此，珠算或珠算的教學可列為學前教育或一般課餘補習教育活動之項目或科目，在

教育上具有近似正規活動的性質。

再次，以臺北市為例，有些學校成立正式的學生社團，積極推展課餘珠算學習活動，每年舉辦國中、國小學生珠算比賽，選拔優秀珠算人才，其中國中優選學生於畢業後，可以自動申請保送高職相關的類科繼續就讀，而教育行政當局更是每年舉行高商學生技藝競賽，其中珠算組優秀學生，更能取得保送四技二專相關類科甄選加分的優待，對學生的進路和生涯發展，具有積極正面的引導作用。而有關從事珠算教學、檢定、競賽、研究的民間珠算學術團體也有十個之多，每年分別舉辦多次之珠算比賽、檢定，培養、甄選、獎勵珠算人才，對珠算教育貢獻非常大。晚近以來，更經常辦理國際珠算活動、珠算學術交流，舉行海峽兩岸珠算觀摩聯誼，發表論文，相互切磋，甚至辦理境外檢定、選手往訪，對普及海內外珠算活動，促進珠算教學品質，居功至偉。其中，臺灣省商業會、中華珠算學術研究學會，更精心規劃，多次辦理珠算師資之研習，培養優良師資，在民間從事有效的教學，收到厚植民間珠算教育實力，提昇民間珠算教學品質的效果，對助長珠算教學活動之推廣和教學品質之提昇，產生積極、正面、有效的貢獻，充分展現珠算教學活動的新風貌，因此，就珠算教學活動性質而言，珠算教學具有如下之地位：

(a)課程

(b)學科

(c)學習活動項目

(d)社團活動項目

(e)競賽項目

(f)技能檢定項目

(g)保送升學重點項目

　　⑻休閒聯誼項目

　　⑼學術開發、交流項目

　　⑽藝能活動重點項目

三、就教育功能性而言

㈠一般教育性之功能

　　珠算或算盤是計算工具，是教具，也是玩具，在練習過程中，具有實用性，也有娛樂性，在競賽中具有趣味性和博弈性，可以引導學習者在遊戲中學習，在活動中學習，在輕鬆中成長，在學習過程中，以雙手撥珠、理數，從易到難，由簡到繁，由玩具到算具，到競賽工具、謀生道具，在材料上可能逐級而進，學程清楚明確，學童可以依照自己能力和學習步幅，求取練習和進步，尤其學習時，學習者自我調整的空間很大，可以從最簡單的1+1，連加連減……，然後練習速度、確度，逐步加強，此外湊數、補數規律的運用與運用時機的把握，均可依照學習者智力的發展而調整（袁德富，1994），此種系統學習的過程，相當符合學童從具體、半具體而抽象的學習心理發展過程，提供以珠代數、以珠計數、累加累減的具體操作過程，協助學童形成數的概念，以及加減乘除的認知，以及快樂學習好機會。

㈡啟智性的教學功能

　　珠算學習和其他學習一樣，需要長時期投注心力，同時運用雙手不斷練習，珠算教學本來是「功夫」課，而練習時要使用眼力、腦力，要全神貫注，所以是「腦力體操」，學習時，實際上要眼到、心到、耳到、手到，才能頓時產生前述的眼腦直映、腦中計數、手眼協調、影像留存的效能，所以，珠算教學是一種「與通道協調」的綜合性學習，能促進腦細胞的生長發育，有助大腦的發展和大腦潛能的開發，尤其，

雙手運珠，雙手操作，可以交互均衡刺激學習者左右腦，產生雙腦或全腦開發的效果（袁德富，1994）。

其次，就增強記憶力而言，如將人類記憶訓練歸納成「強化記憶訓練」和「多通道協同記憶訓練」兩種，後者則是珠算心算所獨有，十分適合學童生理特質，可以由初期幼童「無意識適應」經連續多種感官同時協同併用撥珠運算，形成智力技能，達到「長時記憶」，有助於強化記憶（袁德富等，1994），這種訓練過程和結果，就可以說明為什麼念算、聽心算時，學習者在快速接收一長串大小數字時，能以耳腦手眼同時併用，準確無誤地處理回應了。

李錫津(1994)根據美國學者基爾福特的智力結構(The Structure of Intellect, S.O.I.)從運作(operations)、內容(contents)和結果(products)三個向度來分析珠算教學的啟智功能，　認為在S.O.I.智力結構的運作向度中，珠算教學已充分運用到認知和認憶兩種能力，對聚斂性思考和評鑑也有相當的運用，而擴散思考能力並非不能運用，只是有待教學者用心而已；在內容向度中，則可以令全運用到圖形的、符號的、語意的、行為的四個能力；在結果向度上則多止於單位和類別兩個項次，其他項次較少思及。因此，在基爾福特智力結構所標示的150種智力中，珠算教學可以直接有助於其中40種智力的開發，珠算教學的確具有啟智的功能。

㈢情意性功能

任何學習，只要善加引導，都可以產生情意方面的教育價值，而珠算學習的智能運用、動作配合、眼腦直映、手腦併用、多通道協調併進同時完成，瞬間傾聽、專注的學習歷程、學習要求，則是其他科目很難以比擬的，所以成功的珠算學習是「多感官運用」、「多通道協調」、「多途操作同時完成」，是一種「全方位」的學習，對於培養耐心、

恆心、信心、刻苦精神，提昇效率，乃至傾聽專注（楊渠弘，1994）有其效果。而在學習過程中，養成孩子注意速度、確度以及因而形成的責任、自我要求，乃至主動學習、獨立學習的效果，也是值得重視的，當然，愛惜計數工具、比賽的禮貌、勝不驕敗不餒的風度涵養、尊重裁判……等等，也都會在每次學習或比賽時受到重視，珠算教學的情意要求已是珠算教學、競賽時不可或缺的主要目標。因此，珠算教學的情意性教育價值特別顯著。

㈣方法性功能

珠算是中國古代數學的產物，有深厚的中國古代數學的思想內涵（梁特猷，1994）。珠算或算盤結構，教法的運作歷程，乃至學習者的學習過程以及運算上都顯示出獨特的方法性，值得重視。

1.就算盤的結構來說

傳統的算盤是七珠大算盤，但經多年的演變，也成為六珠多檔的小算盤，目前則又發展成更具數理性質的五珠算盤，在使用上更具數理計數的方便性。

不過，無論那種算盤都由框、梁、檔、珠構合而成，不同檔位，不同梁相的珠子在不同的數字組合中，各有其不同的數值意義，此種數值清楚明確，絕無混淆，因此，算盤結構本身就是具備了清晰的數理性、方法性。

2.在教學撥珠指法方面

清盤和撥珠置數是運用珠算的基本動作和方法，在珠算運算過程中，有一套清楚的撥珠指法，如上推、下移、上挑、雙合、扭進、扭退……（邵振山等，1993），乃至單手撥珠、雙手撥珠等，早已形成一個清晰有效簡捷的操作系統。魏貴美(1993)曾就臺灣地區珠算教學方法作一整理，歸納出十六種撥珠方法，同時，就基本練習、加減算、

心算、乘法、除法等提出參考作法。可見珠算教學的方法性。

3.學習進程方法

珠算學習、檢定，分級分段，十分清楚，其編序性、梯階性清楚明確，十分適合不同程度學習者學習的需求，產生可謂有點難又不會太難的適度挑戰性，能引導學習者依自己的能力和學習速度完成挑戰和獲得晉級，對引起動機、宣示目標、教學運作和學習效果之績效，具有良好的誘引作用，顯示珠算學習材料、學習過程本身，就隱含了令學習者容易接受，同時導引進步的方法性。

4.運算的方法性

珠算的運算，為求快速、正確，特別講求方法性，比如，數位對齊、同位相加、運用補數和珠算湊數的概念和方法以為加減乘除時合成和分解之用，可以獲得快速、正確的答案，此外，如借位、進位、退位以及各種口訣的背誦、運用，都可以形成一套分明有效的計算模組，這些模組的形成，以及模組化方法的運用，實在是造成珠算運算時獲得速度確度的關鍵因素。

當然，珠算學習可運用的梯階式教材，以及相當長度、梯度的檢定，梯階可引導的批次學習效果，以及學習過程中強調的自學、眼腦直映、後統全數、迅速定位、對位，都是很好的方法訓練，可以類化到其他生活領域，作有效的運用，在正式課程中，能在教材、教法、學法乃至教材難易度編排，以及評鑑上自然顯示其梯階性的科目並不多見，珠算是相當特殊的一個科目。

肆、結　語

從以上的析述，可以了解珠算教學的確具有顯著的教育價值；從

實用中表現其工具性的計數、謀生與醫療保健的價值；從多樣性、梯階性的教學活動中，表現藝能性、競技性、活動性、升學保送、學術開發的學科、課程價值；從教育特質上表現出一般的教育性、啟智性、情意性和方法性的多重教育價值，這些教育的價值充分說明了珠算教學活動，或存之於校園之內，或蓬勃於民間團體，但，總是歷千餘年而不變的道理。當今之世，科學昌明，新型計算工具不斷發明改進，唯珠算教學的確具有多元化的教育價值；珠算的學習，珠算的推廣，仍然是值得我們重視和努力的。

珠算學習歷程

壹、前　　言

算盤做為計算工具，在我國已有一千多年的歷史，時至今日，儘管科學昌明，社會變遷迅速，經濟發展一日千里，許多新型的快速計算工具問世，但是，算盤仍然有其一定的地位，受到企業界相當的重視（李錫津，民81），應用算盤的珠算教學，不但列為學校的正式課程，在民間課餘輔導活動中，更是受到相當的重視，此從心算班、珠算班之林立，可見一斑。

當然，珠算是一種應用技能，學習珠算仍須奠基在學習者心智的成熟度和數、運數的基本概念，以及手眼協調，手指小肌肉運作靈活度之上，本文擬以學習者已具備上述之基礎來淺釋珠算學習的歷程，敬請指正。

貳、珠算學習的歷程

張春興教授（民72）將學習分為①動作與技能學習②語文、概念與原則學習③解決問題與創造思考學習④態度、價值與理想學習。珠算學習的歷程固然相當複雜，要之，亦可歸類為動作技能的學習，根據菲次(Fitts, 1962)的研究，動作技能的學習，可以大別為三個階段：①認知期(cognitive phase)②定位期(fixation phase)③自動期(autonomouse phase)。珠算學習牽涉的心智層次較深，與一般動作技能的學習稍有分別。惟仍然算是動作技能學習的一種，作者參酌菲次看法和個人平日觀察，試將珠算學習的歷程分為七個步驟。分別簡述如下：

1.認知期

認知是學習的開始，沒有認知就沒有學習，認知所需時間的長短，與技術技能複雜度、學習難易度成正比，往往與學習者學習條件的齊備情形成反比。珠算的學習除依賴心智成熟度和對數的認知、對數的運算之了解以外，尚需教師對算盤結構，算盤各部名稱、置數、整珠、算珠的值、定位、運指、運珠、操作姿勢，以及各種運算法，乃至算盤的選擇、保存等等，作清晰的講解，以及操作方式作明確的示範，使學習者對算盤、珠算有所認知和了解。

2.接納期

當學習者對算盤、算珠操作、算珠的值等有所了解，對數的運算能作掌握，於是對珠算產生了接納的態度，表現出願意繼續學習的傾向，此之謂接納期。接納期是學習的真正開始，接納現象出現與否，是學習者能否進入有效學習的關鍵，接納度的強弱，是學習能否持久和學習成效高低的指標，教師和學習者通常需要花較多的心思和較長的時間來培養學習者的接納度，為日後的學習建立穩固的基礎。

3.練習期

學習者接納了珠算，自然就進入了練習期，學習者依從教師的指導進行練習。珠算學習著重自學輔導和練習教學，此時，須由教師耐心地、持續地作正確指導，隨時修正學習者不正確的操作，學習者須依賴心智學習所得有關數、數運算或珠算口訣等一再反覆練習，追求熟練和精進，練習時間的長短，練習心意的集中鬆散，正確動作能否模組化，則是能否進入精熟期的關鍵。

4.精熟期

學習者經持久的練習，其操作技能由生疏而熟練，由熟練而精熟，其動作由笨扭而順手，由順手而精熟，對數的了解、運作、轉換由陌生而熟悉，由熟悉而純熟。此時，學習者對算盤的運用，對算珠的調理操弄，已顯示出熟巧精實的風貌。

5.定位期

當動作精熟後，學生對一連串的動作已融匯成相當固定不變的反應模組，此一模組化的操弄動作，形成近似反射的功能，亦即算珠運作和計算原理、數的運算等結合成一體，當相類似的運算情境出現時，學習者即能迅速、自然地、有條不紊地透過心智活動的內在運作，表現出正確的動作來。

6.自動期

所謂自動期，顧名思義，其動作源於自動，出乎自然，毫不做作，技能學習到了自動期，已是相當高的境界，此期，可見其動作純熟、姿態優美，用來得心順手，甚至可以出神入化，望數生數，眼腦數直映立現。

7.發揮期

發揮期是技能學習的最高境界，此時，學習者以其心智功能為基礎，加上對數、數的運算，以及算珠純熟靈巧的操作習慣和能力，配合個人潛能，於精度、確度、速度大有精進；或觀察、分析、判斷能力大有斬獲；或創作新的計算方法；或精進其思考能力；乃至運珠、用珠的動作、技法有所修正創新，發揮精熟而後革新創造的功能。

珠算學習歷程固然分七個步驟，實際上則為完整的循環歷程（圖示如下）。

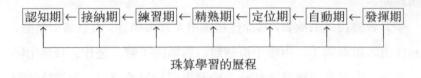

珠算學習的歷程

圖二: 珠算學習歷程的七個步驟

在實際學習上，不同的學習者，在不同學習歷程上停留的時間不一定相同，所有學習者也不一定都歷經所有的學習歷程，同一學習者在同一學習時段，也有可能同時進入兩個學習歷程，而學習歷程也未必依序發展，當發展到某一歷程時，基於學習者的個別差異和學習上的需要，有可能回饋到先前已經歷過的步驟上，再學習再出發。可見，實際發展歷程如何，基於學習上的實不需要，具有相當大的個別差異性，在實際學習指導上自不宜忽略此一現象。

參、結　語

總而言之，珠算學習是一個複雜的歷程，表面上，似乎只有手眼協調，手撥珠動或眼腦直映的技巧而已，其實，細加推敲，實不僅如此，其所牽涉到的心智能力多而複雜，前述只不過是就動作學習部分，陳明珠算學習在數、運數、數的計算原理之上，歷經認知、接納、練習、精熟、定位、自動和發揮等學習歷程，用供學習者和珠算教學先進參考運用，還請指教。

臺北市高職學生職業成熟態度相關因素之研究

壹、緒　論

一、研究動機與目的

　　高職教育是當前我國教育系統裡，培訓各行業基層技術或服務人力的主要途徑。現行高職課程的規劃、設計、實施，隨著社會型態的轉變，或屢有更迭，然由於人們價值觀念的改變，職業觀念亦受到相當程度的影響。為深入探討國中畢業生進入高職第一年的新生階段，到第三年的應屆畢業階段，經由學校教育及個人心智的成長，學生在職業成熟態度上的變化情形，本研究透過系統的、客觀的方法蒐集相關資料，從類別、年級、性別等變項，加以分析探討。

　　本研究的目的有下列三項：

　　⑴比較不同類別、年級、性別之高職學生職業成熟態度的差異。

　　⑵探討影響學生職業成熟態度的相關因素。

　　⑶綜合以上分析，針對影響職業成熟態度的因素，提供職業教育上的參考建議。

二、研究假設與名詞詮釋

1.研究假設

本研究的假設有二：

⑴高職新生與應屆畢業生的職業成熟態度有顯著差異。

⑵高職學生的職業成熟態度因其「性別」、「就讀類別」之不同而
有差異。

2.名詞詮釋

職業成熟(career maturity)：意指個體在從探索(exploration)到消褪
(decline)的職業發展的連續線上所到達的位置，可用來指出個人在其
年齡的發展階段所應該達到的與他事實上所達到的生活階段的關係。
通常職業成熟可用來代表個體職業發展的程度及其作職業選擇的準備
狀態。職業成熟度愈高，代表職業發展程度愈好，也有愈好的準備狀
態來作明智、適當的職業選擇。在本研究中，操作性定義則指在「職
業成熟──態度量表」上的得分，得分愈高表示職業成熟度愈高。本
研究「職業成熟──態度量表」包含的向度有五個：①對工作的取向
②作決定時的獨立性③職業選擇的偏好④對選擇過程的概念⑤對職業
選擇自我肯定的程度（黃淑芬，民71）。

貳、文獻探討

一、 職業成熟的意義

「職業成熟」(career maturity)是職業發展理論中很重要的一個概
念。因為若從「發展」的觀點來看個體的職業選擇，由於發展必有它
的方向、目標及速度，因此，「成熟」的概念必須被引入，以用來說明
職業發展的方向、目標，並以此來衡量個體職業發展的程度。

　　在職業心理學家中，　第一個提出「職業成熟」　概念的是Super
(1955)，他指出，職業發展乃是個體發展的一個層面，而「職業成熟」
和「心理成熟」在意義上是類似的概念。依這樣的看法，Super界定「職
業成熟」為「個體在從探索到消褪的職業發展的連續線上所到達的位
置」。不過，除了這個意義外，職業成熟還包括了另一層「行為與年齡
的關係」的意義(Super & Overstreet, 1960)，也就是說，「職業成熟」可
用來指出個人在其年齡的發展階段所應該到的與他事實上所到的生活
階段的關係。這是「職業成熟」兩個層面的意義。

　　至於「職業成熟」的發展原則是什麼？什麼方向的發展可謂是較
成熟呢？Super (1974)採取了一些發展心理學的觀點，指出了下列5點
職業成熟的發展原則：①發展是從隨機、未分化的行為朝向目標導向、
特定的行為②發展是朝向現實感增加的方向③發展是從依賴朝向獨立
性增加的方向④成熟的個體會選擇一個目標⑤成熟的個體的行為是目
標導向的。

　　在介紹「職業成熟」概念的同時，Super還很慎重地對「成熟」與
「適應」這兩個易被混淆的概念作了一番澄清。他指出，基本上「成
熟」和「適應」二者都包含了「滿意」和「成功」的成分，但「適應」
是行為的結果，它本質上是回顧的，因為它從現在的情況追溯過去的
行為，而「成熟」就不同了，它是前瞻的，它包含的行為和態度是現
在表現出來的，也指向未來可能會遇到的發展任務。從這些說明可以
看出「成熟」和「適應」的關係乃是交互的，「適應」是決定「成熟」
的一個要素，而「成熟」又預言了個體未來的「適應」。因此Super特
別澄清，「適應」這個概念在性質上是指「結果」，而「成熟」這個概
念在性質上是指「發展」，也就是說，「成熟」意味的是一個動態的過
程而非一個實質的結果。

「職業成熟」的具體內涵包括些什麼？第一個提出職業成熟結構模式的仍是Super。他根據職業成熟的發展原則，提出了一個包括6個向度20個層面的職業成熟理論模式，這6個向度分別是：

1. 職業選擇的取向：指個體對職業選擇的關心程度及對消息資源的利用程度等。

2. 消息及計劃：指個體職業計劃活動頻繁的程度及職業消息、職業計劃的明確程度等。

3. 職業偏好的一致性：指個體的職業偏好在其興趣範圍、能力程度和家庭狀況間一致的程度。

4. 個人特質的具體化：指個體在興趣類型、工作價值觀、工作責任感……等個人特質方面的發展情形。

5. 職業獨立性：指其工作經驗的獨立性。

6. 職業偏好的明智性：指個體的職業偏好與一些現實因素，如能力、興趣、社經地位等的和諧程度。

Super等人根據這個職業成熟模式，設計了20個測量各個不同職業成熟層面的工具，並對140位9年級學生施測，然後作因素分析，希望對此理論模式作實徵驗證。但是結果並不理想，因素分析結果得出4個因素，與原先假設的模式出入很大，而且這4個因素只能解釋總變異量的38%。不過，這個研究發現因素之間彼此是相關的，這似乎說明了職業成熟的結構中有一個共同因素，在共同因素之下才有集團因素的事實。這項發現支持職業成熟模式乃階層模式的看法。

學者認為要評估一個人的職業發展是否成熟時，是要拿他和與他同年齡，面對同樣發展課題的同輩團體來做比較的(Crites, 1961)。西元1965年，Crites將Super職業成熟的概念更發展成為下列系統化的模式——青少年職業成熟概念模式（表一）（夏林清、李黛蒂，民72）。

表一： 職業成熟概念模式

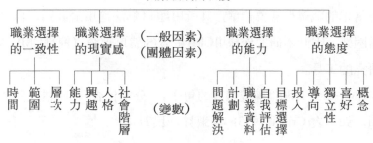

依據此一模式， Crites設計了這份職業成熟問卷(Career Maturity Inventory)，簡稱CMI，用它來測量職業選擇的態度和能力。

CMI的編製採用職業發展理論的中心假設──「對大多數人而言，職業行為隨著年齡而漸成熟」；也就是說，由於發展是一個單方向、不可逆的過程，因此有關發展的變項和時間的關係必然是一條往上升或往下降的曲線。根據這項原理，Crites在他的研究中同時運用縱貫和橫斷的方法對5～12年級的樣本施測，然後從中選擇隨著年級升高。其年級平均分數也會升高或下降的題目作為CMI的題目； 不過， 除了這個選取標準外，Crites也同時注意這些選出來的題目是否具有理論上的意義， 也就是說與其假設模式是否符合的問題。這個編製過程使得CMI不僅具有實徵的意義， 也同時具有理論的基礎， 加上CMI和早先測量職業成熟的工具(Super & Overstreet, 1960; Gribbons & Lohnes, 1968)比較，CMI是可以用機器計分的紙筆測驗，而且曾對5～12年級的中小學生及大學生作過大樣本的標準化工作， 使用方便； 因此後來在職業輔導方面， 使用相當廣， 也被公認是一良好的工具。本研究以夏林清修

訂的職業成就量表，作為研究工具。此量表經黃淑芬再修訂，最後編成30題的「職業成熟態度問卷」。

　CMI包含有態度和能力兩個部分，由於能力部分內容的設計係以美國當地的職業型態為標準，其所用題目無法適用於我國，修訂起來相當困難，因此本研究僅採用CMI量表的態度部分（簡稱CMI-A）作為研究的工具。

　CMI-A共有50個陳述態度的句子，分別代表5個職業成熟態度的變項，如下表(Crites, 1975；黃淑芬，民71)：

表二：職業成熟態度量表的變項

變　項	定　義	例　句
1.個人在選擇過程中投入的程度	個人在作決定過程中主動參與的程度。	我極少去考慮以後我想去做的工作。
2.對工作的取向	個人對工作的態度和價值觀是工作取向還是享樂取向的程度。	工作之所以值得，主要是因為可以賺到錢。
3.作決定的獨立性	個人依賴他人的意見以選擇職業的程度。	接受父母的建議來選擇工作就不會錯到那兒去。
4.職業選擇的偏好	個人依某一特殊因素來做選擇的程度。	選擇職業時我會先考慮我的興趣，再考慮我的能力。
5.對選擇過程的概念	個人對職業選擇正確和不正確概念的程度。	未來既然如此不確定，何必現在就決定以後從事那一行業。

　　題目的選取是以能反映年級差異的題目為主，並經反應模式研究發現「是一否」的反應模式要比五點量表式的反應模式來得敏感，更

能反應年級差異，因此CMI採用「是—否」的反應模式。CMI-A量表建立後，研究發現這份量表的信度係數相當高，並有一可以接受的效度。陸續並有許多有關的研究發表，使得它和其他個人變項、心理變項、諮商變項、理論變項……間的關係漸漸清楚，從眾多的研究報告中，大致已可建立其建構效度。

二、相關研究之探討

CMI-A量表在美國已是一發展得相當不錯的量表，而且它的功能：①可作為研究職業發展的工具②可用來篩選職業發展不成熟的學生，對這些學生加強輔導③可用來評估特殊群體職業輔導的需要④可用來作為職業諮商時的測驗工具。這些都是被肯定的，因此，為了職業輔導、研究上的實際需要，國內夏林清氏於民國69年開始著手修訂此一量表。

夏氏的修訂工作首先以小學、國中、高中、高職、大學共437名學生為對象作預試，進行項目分析，刪掉鑑別度太小及難度不恰當的題目，結果共保留33題題目。於是進一步以此33題作為新的題本，進行信度和效度的研究，其研究結果可略述如下（夏林清、李黛蒂，民71）。

⑴大學生受試的內在一致性係數0.743。

⑵大學生受試一年後的再測信度0.72。

⑶6位國內教育、輔導專家的判斷一致性係數0.73。

⑷以受試自評的職業選擇狀態（「已作決定」、「未作決定」、「無法作決定」和「放棄作決定」四種）當作效標，其差異達到顯著，且差異的方向與理論符合。

⑸國小和國中的受試在歐迪斯智力測驗(Otis test of Mental Ability)上的得分和其在CMI-A上的得分有顯著的正相關(P<0.05)。

(6)在CMI-A上得分愈高者,在孟氏行為困擾問卷上的得分愈低,
其相關顯著(P<0.01)。

(7)國中、國小的受試其學業成績與CMI-A上的得分有顯著正相關
(P<0.05),但高中、高職和三專這三群受試則相關不顯著。

(8)職業成熟態度由國小到大學確實有隨年齡而增加的趨勢,但在
高中到大學這一階段則差異不顯著。

(9)職業成熟態度與社會贊許間的相關在國中組或大學組均未達顯
著水準。

夏氏進一步將修訂後33題本施測的資料作了因素分析的研究,找
出五個因素,並刪除了五個無法歸納的題目,另根據各因素的意涵進
一步設計了數題新題目,編成一包括35個題目的量表。民國71年黃淑
芬再根據此新量表為藍本重新編製成一包括30個題目的量表,其得分
最高可得30分,最低則為0分,分數愈高表示職業態度愈成熟。

民國71年間,黃淑芬針對臺灣大學及輔仁大學學生,選取1200人
為樣本進行職業成熟之相關研究,以兩個平均數的差異顯著性考驗方
法,檢定不同「校別」、「性別」、「系別」、「曾否轉系」、「工作經驗」
的受試在「職業成熟態度量表」上的得分是否具有顯著差異。結果發
現(夏林清、李黛蒂,民72):

(1)大學生的職業成熟態度與「年級」、「社團參與」、「工作經驗」、
「學業成績」四個變項有關。

(2)不同「校別」、「系別」、「性別」之大學生在職業成熟上的得分
均沒有顯著差異。

另臺北市七十六學年度發展與改進職業教育研究小組於民國76年
所作「當前高職學生學習心態調查研究」中,有關職業觀念的調查結
果發現(劉世勳等,民77):

⑴高職學生對於從事技術生產勞務或服務性質的工作，一般均認
　　為是很高尚的，並有90%以上的受試者認同「勞動神聖，職業
　　無貴賤」的觀念，這對於推展職業教育有正面意義。

⑵高職學生選擇職業的最主要條件是未來發展，亦即對工作之前
　　瞻性，其次為工作性質或工作環境，再其次為待遇，社會評價
　　及升遷機會則較不被考慮。

⑶高職學生將來優先考慮選擇的職業以文書業務工作最高，生產
　　技術工作居次，其餘依次為自行創業經營，銷售服務工作及其
　　他。而男女生對選擇職業的考慮有很大的差異，男生較傾向於
　　生產技術工作及銷售服務工作，女生則傾向於文書業務工作。

而徐昊桑於79年6月進行「影響高工冷凍空調科學生職業認知與職
業成熟態度基本因素之研究」，針對全國冷凍空調科3028名男女學生進
行調查研究，結果有以下結論（徐昊桑，民80）：

⑴學生在校生活適應情形對於職業認知有著正向的影響。

⑵學生在職業認知上有隨著年級昇高而逐漸成熟的趨勢。

⑶男女不同性別的學生是職業認知、職業成熟態度之重要預測變
　　項。

⑷家庭社經地位高低對於學生之職業認知有著極大之影響。

以上多項有關職業成熟方面的研究，在不同時間不同對象所作研
究的結果發現，有些變項有相類似的相關性，有些變項卻不盡然。一
般而論，職業成熟態度有隨年齡而增加的趨勢，但在高中到大學這一
階段的差異並不顯著。大學生的職業成熟態度並不因男女性別不同而
有顯著差異，但在高職階段，性別因素卻是職業成熟態度之重要預測
變項，其對職業選擇的考慮亦有很大差異。其餘相關之變項，大致上
尚稱一致。

參、研究方法

(一)研究工具

本研究採用黃淑芬根據夏林清修訂的「職業成熟——態度量表」，再加以設計或修訂，編製成一包括30個題目的量表（如附錄）為工具。原量表曾以臺大政治系二年級、輔大中文系二年級、輔大應用心理系三年級同學共121人為對象作預試後，進行項目分析，淘汰難度不恰當及鑑別力太低的題目，結果共選取了30個題目作為正式的量表，此正式量表題目的難度在0.45到0.84之間，而鑑別力均大於0.28。信度分析採用 ℓ 係數，其值為0.84。

此工具採用「是—否」方式作答，答對得1分，答錯得0分，分數愈高表示職業態度愈成熟。除題號第9、11、12、17、23、29等6題答案為「是」外，其餘24題的答案為「否」。

(二)樣本選取

本研究抽樣的步驟分為二個階段，茲分述如下：

1. 選取學校：依分層抽樣的方式，將臺北市轄區內各高職分為公立、私立兩層，然後自各層中隨機抽取四所學校，並兼顧工業類與商業類平均分配原則，結果選出大安高工、松山工農、士林高商、松山高商、開平工商、十信工商、開南商工、協和工商等八校。

2. 選取學生：依系統取樣的方式，就各校工、商業類科一、三年級各班級中，按照座號順序，選出座號為5的倍數號的學生每班5至10人為樣本。

經過上述抽樣步驟，共選出高一學生810人，高三學生810人，總計1620人為研究的樣本。分別是大安高工一、三年級各200人，松山工

農一、三年級各80人，士林高商一、三年級各130人，松山高商一、三年級各80人，開平工商一、三年級各80人，十信工商一、三年級各80人，開南商工一、三年級各80人，協和工商一、三年級各80人，其中松山工農農科班級不在抽選範圍內。

㈢調查經過

　　抽樣完成後，研究者親自將問卷送達各校，或以郵寄送達各校，委託各校教務處將樣本學生集合於圖書館或教室，並請各校教務主任主持問卷施測，填答完畢立即收回，再轉送研究者統一處理。

　　全部問卷施測工作在民國79年10月中開始，至11月底完成，回收率達98.7%。

㈣資料處理

　　問卷收回後，先進行資料整理，將作答不完整及亂答者（全部答是或全部答否）刪除後，共得有效問卷1522份，可用率約94%。其人數及基本資料分配情形如表三：

　　有效問卷挑出後，開始依基本資料分類計分，進行統計分析工作。統計的分析處理，依本研究重點及各變項的性質，首先計算全體樣本之「職業成熟態度量表」得分在一、三年級，工、商類別，男、女性別及各變項與變項交叉統計上的平均數與變異數。

　　然後再以 t 考驗（兩個平均數的差異顯著性考驗）方法，檢定不同「年級」、「類別」、「性別」在全體樣本及各變項分類樣本的受試在「職業成熟態度量表」上的得分是否具有顯著差異。

表三： 有效樣本之基本資料分配表

類別	工			商			合 計		總計
年別	一	三	小計	一	三	小計	一	三	
性別 男	344	332	676	68	43	111	412	375	787 (51.7%)
女	82	102	184	296	255	551	378	357	735 (48.3%)
合計	426	434	860 (56.5%)	364	298	662 (43.5%)	790 (51.9%)	732 (48.1%)	1522 (100%)

肆、研究結果與討論

一、調查研究結果分析

　　本研究調查之結果，將分別就年級（一和三年級）、類別（工與商）和性別之得分，分析在職業成熟態度上的差異性。

㈠年級方面

　　不同年級全體樣本在職業成熟態度量表上得分的平均數與變異數見表四，經兩個平均數的差異顯著性考驗，t 值僅0.077，小於1.960，可見全體一、三年級間的職業成熟態度無顯著差異。再進一步比較，同類別內不同年級間的差異，工科一、三年級得分的平均數與變異數見表五，經 t 考驗其 t 值為1.54，小於1.960，無顯著差異；商科一、三年級得分平均數與變異數如表六。 經 t 考驗其 t 值為-2.13， 大於-1.960，顯示商科一、三年級學生的職業成熟態度有顯著差異，且三年級較一年級成熟。另再以同性別、不同年級作比較，女生一、三年級

得分之平均數與變異數如表七，經 t 考驗得t值為0.97，小於1.960，這表示女生一、三年級間的職業成熟態度並無顯著差異；男生一、三年級得分之平均數與變異數見表八，經 t 考驗得 t 值為 1.027，小於1.960，表示男生一、三年級間之職業成熟態度亦無顯著差異。

　　由以上分析，無論就全體受試或以男女生來分析，職業成熟態度並不因年級不同而有顯著差異，倒是商業類一、三年級學生間有顯著差異，工業類卻無，值得深入探究。

表四：不同年級在職業成熟態度的差異情形

	全 體 一 年 級	全 體 三 年 級
人　　數	790	732
平 均 數	18.54	18.52
變 異 數	23.40	28.87
t 值	0.077	
結　　論	無 顯 著 差 異	

表五：工科不同年級間職業成熟態度的差異情形

	全 體 一 年 級	全 體 三 年 級
人　　數	426	434
平 均 數	18.33	7.79
變 異 數	4.25	9.82
t 值	1.54	
結　　論	無 顯 著 差 異	

表六: 商科不同年級間職業成熟態度的差異情形

	商 科 一 年 級	商 科 三 年 級
人　　數	364	298
平　均　數	18.78	19.59
變　異　數	22.36	25.68
t　值	2.13	
結　　論	有顯著差異，且三年優於一年	

表七: 女生不同年級間職業成熟態度的差異情形

	一 年 級 女 生	三 年 級 女 生
人　　數	378	357
平　均　數	18.75	19.11
變　異　數	21.53	28.53
t　值	0.97	
結　　論	無 顯 著 差 異	

表八: 男生不同年級間職業成熟態度的差異情形

	一 年 級 男 生	三 年 級 男 生
人　　數	412	375
平　均　數	18.35	17.97
變　異　數	25.09	28.60
t　值	1.027	
結　　論	無 顯 著 差 異	

㈡類別分類方面

工業類及商業類全體樣本在職業成熟態度量表上得分的平均數與變異數見表九，經兩個平均數的差異顯著性考驗，t值達4.15，大於1.960，可見工業類與商業類學生的職業成熟態度有顯著差異，從平均數來看，商業類學生的職業成熟態度優於工業類學生。

表九：　不同類別學生職業成熟態度的差異情形

	全 體 工 科	全 體 商 科
人　　　　數	860	662
平 　均 　數	18.06	19.14
變 　異 　數	27.10	23.98
t 　　值	4.15	
結　　　　論	有顯著差異，且商科優於工科	

再進一步比較分析同年級不同類別間的差異，一年級工業類與商業類得分的平均數與變異數如表十，經 t 考驗其 t 值為1.32，小於1.960，無顯著差異；三年級工業類與商業類得分的平均數與變異數如表十一，經 t 考驗其 t 值達4.62，大於1.960，顯示三年級工業類與商業類學生的職業成熟態度有顯著差異，且商業類學生有較工業類學生成熟的趨勢。

另再以同性別不同類別學生比較分析，女生工業類與商業類學生職業成熟態度量表得分之平均數與變異數見表十二，經 t 考驗其 t 值達2.25，大於1.960，工、商業類女生的職業成熟態度有顯著差異，且

表十： 一年級工、商業類學生職業成熟態度的差異情形

	工 科 一 年 級	商 科 一 年 級
人　　數	426	364
平 均 數	18.33	18.78
變 異 數	24.25	22.36
t 值	1.32	
結　　論	無 顯 著 差 異	

表十一： 三年級工、商業類學生職業成熟態度的差異情形

	工 科 三 年 級	商 科 三 年 級
人　　數	434	298
平 均 數	17.79	19.59
變 異 數	29.82	25.68
t 值	4.62	
結　　論	有顯著差異，且商科優於工科	

商業類女生有較工業類女生成熟之趨勢。若比較工業類男生與商業類
男生的職業成熟態度量表得分，其平均數與變異數見表十三，經 t 考
驗其 t 值僅1.85，小於1.960，這表示工、商業類男生間的職業成熟態
度並無顯著差異。

　　為進一步探究不同類別是否造成職業成熟態度不同的主要因素，
茲再依同年級同性別的學生，分成工業類與商業類進一步比較分析。
若將一年級女生分為工業類與商業類比較其職業成熟態度，其平均數

表十二：工、商業類女生職業成熟態度的差異情形

	工 科 女 生	商 科 女 生
人　　數	184	551
平 均 數	18.17	19.17
變 異 數	28.22	23.63
t 值	2.25	
結　　論	有顯著差異，且商科優於工科	

表十三：工、商業類男生職業成熟態度的差異情形

	工 科 男 生	商 科 男 生
人　　數	676	19.00
平 均 數	18.03	25.91
變 異 數	26.83	
t 值	1.85	
結　　論	無 顯 著 差 異	

與變異數見表十四，經 t 考驗得 t 值為0.53，小於1.960，無顯著差異。若將一年級男生分成工業類與商業類比較其職業成熟態度，其平均數與變異數如表十五，經 t 考驗得 t 值為0.510，小於1.960，亦無顯著差異。但是，若將三年級女生分成工業類與商業類來比較其職業成熟態度，其平均數與變異數如表十六，經 t 考驗得 t 值為2.577，大於1.960，表示二者間有顯著差異，並從平均數發現商業類的職業成熟態度優於工業類。若再將三年級男生分成工業類與商業類來比較其職業成熟態度，亦得到相同結果，其得分平均數與變異數如表十七，經 t 考驗得

t 值為2.275，大於1.960，表示二者間亦有顯著差異，並且商業類的職業成熟態度仍然優於工業類。

由以上的多重比較分析，工業類與商業類學生的職業成熟態度有顯著差異，一般而言，其差異的因素與年級及性別均有相關，三年級高於一年級，一年級男女生均無顯著差異，三年級則無論男女生商業類均優於工業類；但從全體受試者來看，工、商業類的女生有顯著差異，男生則無，且商業類亦優於工業類，此可能與就讀商業類的女生佔多數，就讀工業類的男生佔多數有關，因此，職業成熟態度亦可能與性別有關，以下再繼續分析。

表十四：工、商業類一年級女生職業成熟態度的差異情形

	商科一年級女生	工科一年級女生
人　　數	296	82
平　均　數	18.81	18.50
變　異　數	21.32	22.50
t　值	0.53	
結　　論	無　顯　著　差　異	

表十五： 工、商業類一年級男生職業成熟態度的差異情形

	商 科 一 年 級 男 生	工 科 一 年 級 男 生
人　　數	68	344
平 均 數	18.63	18.29
變 異 數	27.25	14.85
t　值	0.510	
結　　論	無 顯 著 差 異	

表十六： 工、商業類三年級女生職業成熟態度的差異情形

	商 科 三 年 級 女 生	工 科 三 年 級 女 生
人　　數	255	102
平 均 數	19.59	17.91
變 異 數	26.09	32.93
t　值	2.577	
結　　論	有顯著差異，且商科優於工科	

表十七： 工、商業類三年級男生職業成熟態度的差異情形

	商 科 三 年 級 男 生	工 科 三 年 級 男 生
人　　數	43	332
平 均 數	19.58	17.76
變 異 數	23.82	28.95
t　值	2.275	
結　　論	有顯著差異。且商科優於工科	

(三)性別分析方面

男生與女生在全體樣本的職業成熟態度施測結果。其得分的平均數與變異數見表十八， 經兩個平均數的差異顯著性考驗， 其 t 值達2.88，大於1.960，這表示男生與女生的職業成熟態度有顯著差異，且女生的職業成熟態度優於男生。

表十八： 不同性別學生職業成熟態度的差異情形

	全 體 男 生	全 體 女 生
人　　數	787	735
平 均 數	18.17	18.92
變 異 數	26.78	24.93
t　值	2.88	
結　　論	有顯著差異，且女生優於男生	

再進一步比較分析同類別不同性別間的差異情形，工業類中男生與女生得分的平均數與變異數如表十九，經 t 考驗得 t 值為3.17，大於1.960，這表示工業類男、女生的職業成熟態度亦有顯著差異，且同樣是女生優於男生。但是，商業類中男生與女生的結果卻不同，其得分的平均數與變異數見表二十，經 t 考驗得 t 值為0.32少於1.960，這表示商業類男、女生的職業成熟態度並無顯著差異。

另再就相同年級不同性別間，比較分析其差異情形，一年級男生與女生得分的平均數與變異數如表二十一，經 t 考驗得 t 值為2.03，大於1.960，這表示一年級男、女生的職業成熟態度有顯著差異，且女生

表十九：工業類男、女生職業成熟態度的差異情形

	工科男生	工科女生
人　數	676	184
平均數	18.03	18.17
變異數	26.83	28.22
t　值	3.17	
結　論	有顯著差異，且女生優於男生	

表二十：商業類男、女生職業成熟態度的差異情形

	商科男生	商科女生
人　數	111	551
平均數	19.00	19.17
變異數	25.91	23.63
t　值	0.32	
結　論	無顯著差異	

優於男生。而三年級男生與女生得分的平均數與變異數如表二十二，經 t 考驗得 t 值為2.89，大於1.960，這表示三年級高職男、女生的職業成熟態度亦有顯著差異，且仍是女生優於男生。

　　由以上結果分析，高職學生的職業成熟態度與性別有相關，一般而言，女生的職業成熟態度普遍較男生為佳。且職業成熟態度的差異性，自一年級入學新生男、女生間即有顯著差異，延續至三年級仍然存在。

表二十一：高職一年級男、女生職業成熟態度的差異情形

	一 年 級 男 生	一 年 級 女 生
人　　數	412	357
平 均 數	18.35	19.11
變 異 數	25.09	21.53
t 值	2.03	
結　　論	有顯著差異，且女生優於男生	

表二十二：高職三年級男、女生職業成熟態度的差異情形

	三 年 級 男 生	三 年 級 女 生
人　　數	375	357
平 均 數	17.97	19.11
變 異 數	28.60	28.53
t 值	2.89	
結　　論	有顯著差異，且女生優於男生	

二、討　論

　　綜合以上依各變項多重交叉分析結果，高職學生不同年級、類別與性別之間，或變項與變項相互之間的職業成熟態度差異情形，表列如表二十三，依據此結果發現，高職學生的職業成熟態度因性別不同而有顯著差異，而且女生的職業成熟態度優於男生；同時，高職學生就讀不同類別，其職業成熟態度亦有顯著差異，商業類優於工業類的趨勢。就讀工、商業類的男生的職業成熟態度並無顯著差異，但就讀工、商業類的女生的職業成熟態度卻有顯著差異。可見工、商業類高

職學生的職業成熟態度的顯著差異，主要在於男、女性別因素。至於一年級與三年級的高職學生的職業成熟態度，從調查結果的分析，並無顯著差異，只有商業類一、三年級間有顯著差異，可見高職學生的職業成熟態度與年級因素並無顯著關係。

表二十三： 高職學生職業成熟態度各變項差異性比較

有無顯著差異 變項 比較變項	年 級		類 別		性 別		全體樣本	備註
	一	三	工業	商業	男生	女生		
一、三年級間			無	有 (三>一)	無	無	無	
工商業類別間	無	有 (商>工)			無	有 (商>工)	有 (商>工)	
男、女性別之間	有 (女>男)	有 (女>男)	有 (女>男)	無			有 (女>男)	

　　夏林清編製「職業成熟態度量表」修訂工作時，以437名小學、國中、高中、高職、大學學生為對象預試時，所得到的結果是「職業成熟態度由國小到大學確實有隨年齡而增加的趨勢，但在高中到大學這一階段則差異不顯著」。本研究和該研究，在時間上相差九年，但所得到的結果卻仍相當一致。可見高職教育階段的三年期間，學生在職業成熟態度上的差異並不顯著，這點是可以肯定的。但黃淑芬針對臺大、輔大1200名學生為樣本所進行的職業成熟態度之相關研究，結果發現大學生的職業成熟態度與「年級」有關，由於該研究與本研究之樣本年齡層不同，無法據以比較。

　　影響職業成熟態度的變項尚有「類別」與「性別」兩項，有關「性別」變項方面，民國79年 6月徐昊桌曾針對全國冷凍空調科3028名男

女學生，進行職業認知與職業成熟態度基本因素之調查研究，結果發現：男女不同性別的學生是職業認知、職業成熟態度之重要預測變項，此結果與本研究所得結論之一：男女性別與高職學生職業成熟態度有顯著相關，亦頗為一致；由於受試對象性質與年齡層均相同，更可強化高職學生的性別因素與職業成熟態度有關論點的可靠性。但黃淑芬在民國71年對臺大、輔大1200名大學生所作的研究中，卻發現不同「系別」、「性別」之大學生在職業成熟上的得分均沒有顯著差異，此結果中的「系別」變項與本研究的「類別」變項相似，「性別」變項則完全相同，然而其結果卻不盡相同，推究其原因，或許由於：①樣本對象的年齡層不同②大學生選讀系別較無明顯的性別因素，而高職學生男生就讀工業類，女生就讀商業類的區隔則頗為明顯。因此，以高職學生為對象的研究，實不宜與以大學生為對象的研究結果相互比較。

綜合而論，本研究所得到的結果，與本研究的假設正好相反。本研究第一個假設是：高職新生與應屆畢業生的職業成熟態度有差異，即一、三年級間有差異，但研究結果發現高職一、三年級學生的職業成熟態度並無顯著差異。高中職階段，不若國小、國中時期及大學時期，職業成熟態度有較顯著的成長或發展；但從另一角度來思考此結果，由於高職學生的升學意願非常強烈，根據民國77年6月臺北市發展與改進職業教育研究小組，針對當前臺北市高職8678位學生所作的學習心態調查研究發現，高職學生畢業後的出路選擇，結果有55.06%的受試學生打算要升學，只有18.25%打算要就業，有26.69%尚未決定，而尚未決定者畢業時若按照前述比例來推估，真正希望升學者將高於70%（劉世勳等，民77），相對的就業意願則非常低落。是否因為這個原因，影響了高職學生的職業成熟態度，亦是值得繼續研究的課題。

本研究的第二個假設是：高職學生的職業成熟態度因其「性別」、

「類別」之不同而有差異。研究結果的發現「性別」與「就讀類別」和高職學生職業成熟態度有關係亦即男、女生及工、商業類學生在職業成熟態度上的得分有顯著差異。本研究以高職學生為特定對象，學校性質、年齡、學習內容、進路等均有很大差異，本研究樣本數亦不小，此結果應可獲得相當程度的肯定。

伍、結論與建議

根據本研究結果可得到下列二點結論：

(1)高職學生的職業成熟態度與「性別」及「就讀類別」兩個變項有關，與「年級」變項無顯著關係。

(2)影響高職學生職業成熟態度的主要變項是「性別」，女生優於男生；其次是「就讀類別」變項，商業類優於工業類。

上述結論顯示，應用職業成熟的理論來研究高職學生的發展，不僅能看出高職學生在生涯發展上的趨向，同時從性別、類別及年級等變項對職業成熟態度的關係，對職業教育的輔導工作也具有相當重要的意義。唯本研究對職業成熟的發展，僅就「態度」方面作探討研究，未就「能力」方面作具體的研究，瞭解高職學生接受職業教育後的職業發展情形，尚難以探知全貌，今後應再對職業成熟的能力再作深入研究。

前面文獻探討中曾討論到，職業成熟包含行動、知識及態度三個層面，這些表現在職業計劃及職業選擇上，是隨青少年期而發展的。然而，高職教育的主要目標在於培養健全的基層技術或服務人才，是以就業為主要導向的；教育內涵除了側重職業「能力」（包括技能與知識）的養成外，更要加強職業「態度」（即職業道德或情意領域）的陶

冶。依照常理推論，接受高職教育的學生，透過三年各類課程有形或無形的教育活動，從入學到畢業的二個不同階段，職業成熟態度應有顯著增長或成熟才對；但本研究卻未發現此結果，因此，今後高職教育對於職業成熟態度方面，應透過相關課程或輔導活動，來培養更健康成熟的職業態度，以落實職業教育功能。

至於「性別」與「類別」兩因素，是影響高職學生職業成熟態度的主要變項，由於女生及商業類高職學生的職業成熟度優於男生及工業類高職學生，因此，研究者建議高職教育階段，應特別加強工業類及男性學生的職業輔導工作，並從心理態度上予以潛移默化，建立其正確的價值判斷體系或價值觀。

總而言之，本研究雖局限於高職學生職業成熟態度的領域裡，但過去國內類此研究針對高職學生者並不多見，而高職學生佔高級中等學校學生數近七成，此研究結論對整體教育研究而言，無論從橫斷或縱貫的角度來看，都具有相當的價值，本研究的各項結果，自可作為今後推動高職職業輔導工作的重要參考。

不過，檢討此次研究工作，展望未來在此領域裡的研究方向，謹提供下列幾點供以後研究者參考：

1. 本研究所選取樣本僅限於臺北市工業類及商業類高職學生，無法有效的推論到全國的高職學生，今後可擴大樣本的選取範圍至臺灣省及高雄市，類科則應涵蓋農業、護理、家事、水產等類科之高職學生，以使研究內容更豐富，更具代表性。

2. 本研究初步探討高職學生「年級」、「性別」、「類別」變項與職業成熟態度的關係，已得到相當有意義的結果，不過，由於本研究乃屬橫斷性的研究，進一步的因果關係無法明確說明。從輔導的角度看，研究者極關心高職教育環境中，何種課程、活動、措施或經驗具有

培養、刺激或引導高職學生職業發展成熟的功能，因此，今後有關
這個主題的研究，亟應採取長期縱貫的方法，對高職學生學習經驗
作更深入的了解。

3.有關職業成熟的發展，應包含「能力」與「態度」兩大方面，本研
　究限於工具，僅就「態度」方面作初步研究，為更深入了解高職學
　生職業發展的成熟度，檢測高職教育對「職業能力」方面的培育情
　形，作為改善高職教育課程、教學、設備等方面的參考，今後對於
　職業發展方面的研究，應先發展出一套優良的「職業成熟能力量表」
　的標準工具，並進而以高職學生為對象，進行調查研究。

高職教育的省思

壹、前　　言

　　中華民國臺灣地區的教育發展正處在十字路口，許多新舊措施，社會上的看法相當多元，有時叫人迷惑，不知如何是好。比如：是否繼續實施自願就學方案，似乎甚難定奪；希望廢止各級學校的聯考制度，可是令人滿意的替代方案卻又難以產生。因此，有人說：臺灣的教育正處於最惡劣的時候，許多人因為教育環境的不良，為了子女教育，寧願拋棄一切，移居國外；臺灣處於最美的時候，因為絕大多數人體會到改革的必要(楊茂秀，民84)。我們何幸生於這一個關鍵時刻，成為臺灣教育邁向「光明」或「黑暗」的靈魂人物，責任重大，不能不慎。

　　前臺北市教育局長吳英璋在民國84年年初北市教師行使教育局長同意權說明會期間，曾就技職教育提出鉅觀方面的三大改革方向；將「終點教育」的課程設計調整為「終生教育」；輔導、宣導高職為國中畢業生「適性選擇」，不是「第二選擇」；調整並強化高職的教學和輔導，接著《中華民國教育白皮書──邁向二十一世紀的教育遠景》(教育部，民84)在技職教育方面，也有了具體的宣示：「制訂技職校院法規，建立彈性學制」、「配合政策發展，培育技術人力」、「調整技職教育體系，暢通學生進修管道」、「加強教師實務教學、落實技職教育目標」、「改進入學方式，放寬修業年限」、「合理分配教育資源、輔導私

校健全發展」、「加強弱群技職教育，提昇國民技術水準」、「推廣建教合作，加強考用結合」、「結合生涯教育理念，建立終身學習環境」、「降低班級人數，提昇教育品質」、「重視專業能力教育，加強人文精神陶冶」。

這一連串的教育宣示，如能逐步落實，將可使技職教育呈現新的面貌，應該是一件令人鼓舞的事。鉅以觀之，微之以行，作者試從微觀面提出簡單的建議，有些立即可行，有的需要些許時程，羅列如下，統請指教。

貳、有關高職教育各項待探討的事宜

一、有關「整飾教育人員的專業形象」方面
現狀：
　　(1)教育人員多具專業理念，惟專業行為的表現較不足，甚至於有退縮的現象。
　　(2)若干問題的發生、惡化，常因於缺少專業的因應，如體罰、參考書、測驗卷……等。
對策：
　　(1)加強教師自我進修，如讀書會，成長團體……等。
　　(2)認識教育專業的重要。
　　(3)研習有效表達專業的方法。
　　(4)蒐集易生困擾的問題，設計專業的因應內容，供大家選用參考。
　　(5)蒐集合乎專業行為的處理案例──
　　　　(a)草皮不要踩

(b)晚到非遲到

(c)步道為君開

(d)紙筆測驗非萬靈丹

(6)積極發揮「職務功能」（角色扮演）在工作少幾分自我，多幾分
所任職務行為。

(7)發揮自我監督、自我要求，以自我監督為先，內部監督備用，
外部監督最好全免。

(8)成立教師專業組織，強化自我約束，引導自律，邁向自主。

(9)了解學生的學習類型，能作個別化的因應和處理。

二、有關「高職教育的定位」方面

現狀：

(1)高職原定位為「終點教育」，但高職學生具有強烈升學意願，影
響正常教學。

(2)需將高職「終點教育」的情況，調整為兼顧「就業」與「升學」
之教育。

對策：

(1)兼顧「就業」與「升學」方面──

(a)加強基礎學科教學，培養學生日後轉業轉行之能力。

(b)開放時段，以適性之做法輔導升學。

(2)「就業」方面──

(a)加強專業科目、技藝科目之教學，建立學生自信。

(b)加強禮儀與人際關係技巧之培養。

(c)運用各種策略，以培養有用而快樂的人。

(d)向企業界宣導觀念：①以工作給薪，不強調文憑②終身學習

......等。

三、有關「營造快樂的學習空間」方面

現狀:

    ⑴學生在學習上、生活上的約束較多,其中有些固然合理而有必要,但也有很多是未盡合理的規範。

    ⑵不合理的約束,常成為學生學習或生活上的衝突、挫折因素,經常的衝突挫折,影響自我觀念,也易導致暴力。

對策:

  1.**釋出合理空間,減少不必要的約束**

    ⑴教學上──

      ⒜教材多元化、生活化、彈性化。

      ⒝教學活潑化、趣味化,並提高學生學習活動的參與度。

      ⒞評量方式彈性化、多樣化。

    ⑵管理和輔導──

      ⒜檢討不合理的規章。

      ⒝鼓勵學生自辦活動,如主辦校慶、畢業典禮、校外教學......等。

      ⒞接納、尊重或參採學生意見。

    ⑶校長、老師、學生相互釋放合理的空間,揚棄主觀、獨斷,避免順我者是,逆我者非。

  2.**營造快樂學習空間**

    ⑴降低各科目教學難度。

    ⑵儘量從學生的起點行為教起。

    ⑶特別注意新生的第一次平時考、第一次段考,儘可能讓他們品

嘗成功的快樂。

⑷實施分段教學、分段測驗、重複測驗，重建學生學習信心。

⑸成立多樣性學生社團，鼓勵學生參加社團活動。

⑹舉辦多樣性活動，引導不同專長的學生在不同的活動中，獲得成就和滿足。

⑺儘可能修改，不適宜的法規，減輕不必要的約束。

⑻適時推展禮貌活動、感恩活動、關懷活動，微笑活動……提醒學生保持快樂。

⑼培養學生能夠喜歡自己、喜歡別人、喜歡所在的環境。

四、有關「學習內容多元化」方面

現狀：

⑴單一價值觀念根深蒂固，追求分數，致力文憑，學而不樂，其此為甚。

⑵學習材料之選取，過度依賴書本，學習模式僵化，輕活動、輕思考，重書本，重記誦的現象普遍存在。

⑶學習結果，累積較多知識，發展較少智慧，知識如堆棧，缺少活化、活用的價值。

對策：

⑴確立、接納，肯定多元價值。

⑵了解人類是以七種不同的方式來學習、記憶和理解──透過①語言②數理邏輯分析③空間表徵④音樂思維⑤動作技能⑥對他人理解⑦對自己的理解。

⑶掌握學生個別差異，或個別化差異，設計提供適合學習評量之內容、方式，避免以單一的方式加諸具有不同學習類型的學生

身上。

(4)容許並鼓舞學生在自己的領域內自由發揮。

(5)仿照「自助餐」模式，儘可能滿足學生學習。

(6)跳脫書本，特別是要揚棄以教科書為唯一的學習材料的觀念。

(7)接納活動、設計活動、參與活動，從活動中豐富人生。

(8)開發社團，有計畫鼓勵學生參與。

(9)開發季節性活動，如參觀旅遊、校外教學、社團觀察、調查……
等。

(10)設計多元化的教學策略、評量方式、不以「課堂式」、「紙筆式」
為教學、評量的唯一方式。

(11)容許學生更多的學習空間，如自辦活動、主持活動、KTV、童
軍活動、出版刊物……等讓學生發揮專長，獲得掌聲，肯定自
我存在的價值和生之歡樂。

(12)儘量以學生的標準來衡量學生的學習成就。

(13)多找學生的優點表揚。

五、有關「高中、高職學生比率」方面

現狀：

　　民意反應學生希望就讀高中，將高職列為第二選擇；因此熱切希
望調整高中、高職的學生比率。

對策：

(1)從遠程看——將高職改為高中，或綜合高中。

(2)從近程看——

(a)評估、推估整個臺北市之人力需求及人力結構狀況。

(b)逐步調整高中、職學生數之比率為4:6到5:5。

(c)降低高職每班人數。

(d)逐步將基礎學科之教學分量增加,技術學科之教學分量減少。

(3)評估、推估整個社會之人力需求及人力結構（洽請經建會人力
資源研究單位提供臺北市之人力需求及人力結構）。

(4)根據北市之人力需求及人力結構分析,審慎研議高職轉型為高
中或綜合高中之時機與時程。

(5)從課程與教學內容之調整,縮小高中、職學生學習之差距。

六、有關「調整高職類科」方面

現狀:

都會型態的就業市場所需的人力,變化大,幅度快,需要及早因
應,以保持人力所需的資源。

對策:

(1)進行市場需求推估（如: 僱主調查法⋯⋯）,以調整類科的設立
──

(a)於每年招生後,檢討登記額滿位較後的類科。

(b)檢討每年畢業生非適性升學（如電子科插讀哲學⋯⋯等）和
就業情形,作為調整類科人數的參考。

(c)蒐集先進國家類科調整的過程（長期）,作為本市類科調整的
參考。

(2)調整高職類科──

(a)市場需求不高,但為國家發展生存所需的類科,由政府辦理。

(b)類科調整需考慮師資之來源,及原有類科師資專長之轉移。

(c)可斟酌類科「存在」及「調整」的急迫性,採強迫、半強迫,
或引導等方式調整。

(d)如類科名稱不便調整，則考慮開放課程、教材之彈性，以因
　　應時代變遷之需要。

七、有關「學生就讀高職類科之適切性」方面

現狀：

　　學生選讀高職類科是根據參加聯招的成績依序登記分發，對高職
類科並不十分瞭解，故適切性偏低。

對策：

　　(1)加強對國中師生宣導——

　　　　(a)加強國中教師（導師、輔導教師）對職業類科認識。

　　　　(b)加強國中生職業輔導。

　　　　(c)高職支援國中辦理職業輔導。

　　　　(d)強力宣導高職並非第二選擇。

　　　　(e)國小高年級國中之職業試探課程，應加強、加廣、或加深。

　　　　(f)轉變家長觀念。

　　(2)從強化高職課程、教學活動設計著手——

　　　　(a)簡化高職學科科目。

　　　　(b)降低高職之教學難度。

　　　　(c)高職應加強職業輔導（增加試探課程）。

　　　　(d)高職之轉學（轉部、轉類科）應更具彈性。

　　　　(e)加強適性之教學。

八、有關「高職做為國中畢業生的選擇」方面

現狀：

　　(1)國中畢業生及其家長一般是以高職為次要選擇，不重視自身的

基礎能力，盲目的以升學為唯一目標。

(2)國中畢業生及其家長需要以正確的觀念加以輔導，重視學生的能力與性向；並需積極為高職學生謀暢通的出路，以建立吸引力。

對策：

(1)建立正確的觀念——

　(a)不以高成就、低成就來稱呼學生在學習性向上的差異；有的學生在理論性、抽象性的研究工作上具有潛力，並不表示屬於「高成就」，只能稱為「具理論研究傾向」；有的學生在技術性、操作性的具體實務上具有工作潛力，應該稱為「具技術操作傾向」。

　(b)適性發展才能健康快樂。

　(c)讀什麼不重要，把什麼學好、讀好才真正重要。

　(d)確立廣義的職業教育觀（中文系、哲學系應為職業教育）。

(2)開拓高職學生的升學管道——

　(a)增加高職學生的就業機會，並開展在職進修機會。

　(b)提供多元化的課程，並容許選擇的機會。

　(c)改進或提升高職學校的教學產值。

　(d)高職學校主動向國中（甚至國小）作宣導。

　(e)引導高職生努力向，展現工作表現。

(3)向企業界（工作世界）宣導對擁有職業證照者應提供合理薪資及待遇——

　(a)建立多元價值觀念。

　(b)改善不注重職業證照的情形。

　(c)向業界公告高職畢業生的貢獻。

九、有關「導正高職學生偏差行為」方面

現狀:

　　高職學生有明顯偏差行為者較多，影響同儕及校園安寧，及其學習環境所需之穩定性。需要引導其對操作型學習活動有成就感，改進其價值觀，建立生涯規畫。

對策:

　　(1)職業價值、職業觀念之引導 ——

　　　(a)加強工作價值觀的教育。

　　　(b)加強情緒教育。

　　　(c)實施合適的性教育。

　　　(d)引導學生作生涯規劃（從時間管理開始）。

　　　(e)發展生活輔導之迷你課程。

　　　(f)發展價值觀念的澄清活動。

　　(2)全面調整教師教學觀念與教學方法 ——

　　　(a)有效改變教師評量觀念，評量方法。

　　　(b)減少教材分量，降低教材難度。

　　　(c)成立各種功能性之社團，如：青少年劇團……等。

　　　(d)發展童軍活動和社區服務。

　　　(e)加強家長、教師、學生的互動。

　　　(f)加強體能性活動。

　　　(g)加強學生教學、訓育活動之參與性與自主性（如：主持、策劃學校的校慶、畢業典禮、朝會、社團評鑑……等）。

十、有關「提升高職畢業生升學機會」方面

現狀：

　　高職學生升學以四技二專為主，但機會很低；工業類科較佳，商業類科、農業類科等次之，家事類科、護理類科、藝術類科尤次。高職畢業生升學機會太少。

對策：

　　(1)籌設市立二專──

　　　　(a)增設技術學院。

　　　　(b)原有「五專」改為「二專」或「三加二制」專校。

　　　　(c)大幅增加保送甄試錄取名額。

　　　　(d)大學接受高職的保送生（推薦甄試）。

　　　　(e)適當輔導高職畢業生留學。

　　(2)加強建教合作的範圍及影響力──

　　　　(a)已就業之高職畢業生，由服務單位以建教合作方式保送二專或技術學院就讀。

　　　　(b)協調企業界辦理「以廠（公司）為校」的培訓計畫，將保送和進修的機會導入業界。

十一、有關「高職學生學習負擔偏重」方面

現狀：

　　高職學生學科每學期約十二至十五學科，負擔偏重，學習效果不佳，易形成逃避心理。高職學生需要重建學習的心理與習慣，需給予制度與教導兩方面的改善。

對策：

　　(1)簡化歸併學習科目，以減輕學生學習負擔（需寄望於修訂中的

新課程標準)。

⑵減少每週學習時數,以供學生選修、重修、補修(需寄望於修訂中的新課程標準)。

⑶教師要改進教學方式及評量——

　(a)運用分段教學(編序化)降低學習難度,及考試難度;提高學生學習的成就感。

　(b)統整考量各學科的考試時機、考試分量、作業分量、考試方式、作業方式,活化學生學習的阻礙負擔。

　(c)每班多運用小老師試行分組教學,以合作研究,加強學生人際關係;降低學生學習阻礙負擔。

　(d)瞭解學生的起點行為和能力,以學生學習的態度、努力的程度來衡量其成就,打破僵化的公平性。

　(e)容許重複學習和考試。(有的學生一次可考九十分,有些學生可能好幾次才能考到九十分,當他們都考到九十分時,可假定所學到的知能或技能都差不多。)

⑷鼓勵學生不放棄學習——

　(a)測驗方式多元化,如紙筆測驗、報告、參觀、實作、表演……等。

　(b)鼓勵學生參加社團活動,尋回學習的興趣。

十二、有關「高職學生主動學習的意願不夠」方面

現狀:

　高職學生基礎學科能力不足,主動學習的意願不夠,生活習慣較散漫,影響教育績效至鉅。

對策:

⑴容許學生用不同的方式來表達學習結果(不一定只用紙筆測驗)
　　──

　　(a)多成立社團，多辦活動。

　　(b)提供多元選擇機會，讓學生找到自己的舞臺，找回學習的春
　　　天。

⑵實施完全之教學──①知識②技能③態度④方法⑤行為習慣⑥
　價值觀念⑦生涯規劃之理念與能力……等方面。

⑶教師教學的基本原則為：溫和、堅持、鼓勵。

⑷容許較寬度的「外表自由權」，鼓勵學生參與，並提高自主性。

⑸教師要有健康的教學理念，容許學生重複學習，重複考試，強
　調真正有效的教學──

　　(a)找優點表揚，找缺點改進。

　　(b)降低教材難度，真正因材施教，因材施測。

　　(c)尋找學生學習的起點，給予契合其舊經驗的教學模式。

　　(d)深入瞭解學生的性向、專長，做適當的教學與引導，使之獲
　　　得學習的成就與滿足感。

　　(e)多實施編序教學，協同教學。

　　(f)實施補救教學。

　　(g)能力本位教學。

⑹先讓學生喜歡學校，喜歡上學──

　　(a)營造人性化的教學空間。

　　(b)營造快樂的學習環境。

　　(c)擴大評量的範圍與項目（如前項之內容），甚至於學生社團，
　　　或課餘之活動成績，引導學生容易找到自己的學習舞臺。

⑺加強教職員工之輔導心、輔導作為。

(8)訓、輔人員經營或創造生活輔導的教學情境，以積極的作為，輔導的方式來管理學生。

十三、有關「高職教師進修與晉級」方面

現狀：

　　高職教師除參加四十學分（研究所）、教育學分進修，教育局主辦各種研習活動，高職專業科目赴公民營企業機構研習活動外，缺乏制度與酬償誘因，需建立進修與晉級制度，以積極推動教師成長。

對策：

(1)成立教師進修促進委員會，規畫師資進修——
　　(a)將進修狀況、進修結果，或著作、作品，經一定之評鑑程序，列為敘薪或晉級的管道之一。
　　(b)規劃周延完整的進修和晉級制度。

(2)教師應依年資及學歷和進修狀分級（比照大學教授分級）——
　　(a)與師資培育機構分類合約進修。
　　(b)與業界分類合約進修。
　　(c)保送國外相關大學或相同領域之高職（技術中心）進修。

(3)師資來源多元化。開放無學歷，有經驗和專業能力之業界人士，進入學校教學。

(4)進修方式多元化（修學分、seminar、參觀、旅遊、著作、作品……），進修結果績點化。

十四、有關「學年學分制」方面

現狀：

(1)高職自八十一學年起有松山家商、南港高工實施，八十三學年

起共有公立七所、私立二所實施。

(2)修習科目多，每週時數太滿，學生選修、重修、補修的時間不足，難以發揮積極功能。

對策：

(1)需要減少科目，降低必修、必選之時數，以擴大選修彈性，給重修、補修重修、補修時間。

(2)學年學分制的觀念仍需擴大宣導。家長要協助督促學生、教師要有正確的評量觀念、學生要能認清性向、能做生涯規劃。

(3)蒐集試辦學校所面臨之困難與問題，依類科分組研擬因應辦法。

(4)擴大試辦規模（需將人事、會計作業納入），使辦法具有合法、合理的彈性空間——

　　(a)需根據學年學分制的精神與合理的原則（使用者付費）進一步研究學、雜費，學習材料費，重、補修之收費標準。

　　(b)應容許跨部、科、校選讀，並及早研擬訂定跨部、科、校選讀辦法（含成績計算、收費、跨校、科的費用分擔等辦法）。

　　(c)學年學分制所增加成績核計、學分核計等工作，多集中於教務處，且有時間的急迫性，需調整人員編制。

(5)需消除若干師生的「標記性」心態（如核心科目為「大科」、「主科」……等）。

(6)調整教師教學和評量的觀念（如：個別差異性優於僵化之公平性，分散式補救教學，分段評量……等）。

十五、有關「設備更新」方面

現狀：

　　職校所需教學設備應符合就業市場之需求，以縮短企業體之在職

訓練之投資，但各類科高職之設備於面對科技之高速發展與市政府日漸緊縮的財力，需有效的更新教學設備。

對策：

　(1)以設備標準為基準，研擬設備之更新計畫（寄望於修訂中的新課程標準與設備標準）——

　　　(a)按照班級數或學生數，核計教學設備及教師教學研究設備之應有數量。

　　　(b)教學設備著重基礎設備，不走尖端；教學研究設備著重在前瞻性、精緻化。

　　　(c)根據使用率切實推估教學設備之折舊率、耗損率。

　　　(d)補充不足數和汰換數。

　　　(e)擬定設備列管計畫，延請專人保管維護。

　(2)參酌企業體系中所採用之設備，以實際需要規畫各類科教學設備之更新需求——

　　　(a)分年度重點支持不同類科學校，更新汰舊，以縮短單一學校更新之期程。

　　　(b)以三年或五年為一階段性期程，估列更新計畫。

　(3)與企業界合作辦理研發、培訓計畫，以互利方式爭取教學設備的強化。

　(4)考慮接受企業界（工廠）汰換下來堪用、可用之設備；並訂定獎勵措施。

十六、有關「改進高職的入學方式」方面

現狀：

　(1)國中畢業生參加高中（公、私立）、五專、高職（公、私立）、

　　及若干單獨招生之私立學校。平均約三至四次。

　(2)聯招次數過多，場地、時間不易安排。學生及家長均有困惑。

對策：

　(1)併同高中、五專一起考量──

　　(a)減少聯招次數（①一次聯招，或②高中──聯招，高職、五專──聯招，或③公立高中、職──聯招，私立高中、職──聯招……等）。

　　(b)簡化考試科目（考國、英、數）。國中教學正常化事宜另行處理。

　　(c)評估聯招考試之「現場登記」與「電腦分發」之效益。

　　(d)設立改進聯招命題技術委員會，以改進聯招命題，使之更具鑑別力。

　　(e)採計國中在校成績。

　(2)國中畢業生全部免試就近入學。

　(3)分區（分群）聯招。

　(4)考量春季入學之可行性。

十七、有關「邁向十年國教目標方案」方面

現狀：

　　十年國教目標方案為教育部之既定政策。國中已辦理國中技藝教育班，在高職辦理延教班。

對策：

　(1)透過制度的形成或立法途徑，使所有的學生（除升學外）全部進入十年國教目標方案，以達到十年國教目標。

　(2)儘速謀求家長、國中、高職相關人員的共識──

(a)學生未來出路如何？是繼續就讀或就業，對家長而言極具關鍵性。

(b)合作模式要多元化。

(c)畫分國中及高職的相關人員之權責。

(d)高職教師認同來校之國中生，國中生認同高職的教學與輔導。

(e)學生的生活輔導比技術的學習重要。

(f)國中及高職合作雙方提供充分的教學、輔導訊息。

(3)清晰的宣示本方案所希望的目標， 及實施後即可解決的問題
——

(a)尋求國中自辦班和高職合作班參與之學生普及性。

(b)派發參予學生的「基本學習意願」(學習的意願——廣義的讀書) 列為首要。

(c)充分提供辦理學校所需的人力、物力和財力。

十八、有關「開發建教合作管道，縮短「學」「企」差距」方面

現狀：

科技進展快速，機械設備生命週期縮短；相關的作業技術與管理方式皆隨之改變，職校需要引進實務經驗，縮短『學』『企』差距。

對策：

(1)由教育局主導，分類科成立「建教合作促進委員會」，規劃、設計多種合作模式——

(a)辦理學生校外相關企業、廠家之參觀實習。

(b)辦理教師赴公、民營企業參觀、實習活動。

(c)訂定業界人士兼課要點，使專業且具實務經驗的師資來源更

　　有彈性。

　　(d)邀請業界相關人員來校擔任講座、或指導。

(2)學企雙方基於平等、互惠、共生之原則，參與建教合作計劃——

　　(a)以節省企業體成本、縮短學企實務差距的觀念，依類科特性，
　　　開發合作項目、領域，提供學企雙四勢運作空間。

　　(b)宣導建教合作觀念，說明學企雙方之互利的方鄉與限制條件。

　　(c)開放學校設施與人力，提供企業體系教育訓練、或研究發展
　　　等活動（適度）。

　　(d)充分運用高職學校設備，全時(08:00～22:00)提供企業體系合
　　　作的時段（經雙方研議）。

十九、有關「私校招生不足之困難」方面

現狀：

(1)部分校、科招生不足，與國中畢業生約五萬（選擇學校未達理
　想）未升學、未就業的情況並存。

(2)私立學校需要被肯定，對技職教育政策狀況不明而無法因應的
　情況，有生存性的恐慌。

對策：

(1)肯定私立學校對整體教育的貢獻。

(2)訂定明確的補助私校審議辦法，合理的增加私校補助——

　　(a)改進私校的教學品質。

　　(b)改善私校的教師待遇。

　　(c)縮短公、私立學校的學雜費差距。

(3)考慮繼續成立學校、職校類科之需求性——

　　(a)考慮降低公立學校每班人數。

(b)考慮酌減招生班數、人數。

(c)調整公立學校類科，避免不適當的重疊。

（如：在公立學校設立稀有但必要之類科，或成本較高之類科。同一區域設立類科，需考量就業市場之人數需求量。）

(4)檢討私校所謂「招足」之定義與心態。

(5)評估各校理想招生班數、人數。

（學校最適當之規模，如：校地面積、區域內設校及設科數量、都會區就業機會、臺北市企業（都會型態）未來發展的機會……等）

二十、有關「都會型態的職業教育」方面

現狀：

都會型態的職業教育應有其特殊發展之方向與特色。

對策：

(1)類科之設立、調整應依據都會社區變動之需要而機動為之。

(2)提高學校的都會性格、社區性格——

(a)課程設計應更具彈性，較少的共有課程，較多的校訂課程。

(b)應注重企業體中的實務經驗，所以師資來源應更具彈性。

(c)課程設計具較明顯的階段性，以適應學生修畢一個階段，即可步入就業市場。有需要時，再回到高職的課程中（不一定要三年畢業）。

(3)各校成立類科規劃委員會，規劃適用的類科和課程，如以家庭園藝為主的「家庭園藝科」，以都會小家庭為基點的「家政科」，照護老人的「家庭護理科」，「不動產事務管理科」，「都會環保技術科」，「媒體製作技術科」……等。

(4)職校設科需與已設之類科有相關性，以符合經濟規模為原則。

(5)課程規劃應強調多元性、方法性、社區性、人本性和績效性。

(6)調整員額編制、 教師人力結構、 延長學校開課開放時間 （如 08:00-22:00），以符合都會地區民眾的學習需求。

二十一、其他相關重要事宜

對策:

(1)人性化的人事服務、經營制度。

(2)合理化、功能導向的經費（會計）運用制度。

(3)具未來觀的學生體適能之培訓。

(4)人性化、合理化的學校、典章制度、法規。

(5)人性化的校園規劃與建築。

(6)合理化的資源流通與運用。

(7)私校董事會的輔導工作。

參、結　語

　教育是永恆的志業，其理念當隨時代的需要不斷地發展，俾能引導時代變遷，或因應時代的推移，有了適合時代需要的教育理念，教育同仁方能據以開創有效的策略，推之行之，以收教育在不同時代的教育功能，「發展」、「變遷」、「推移」、「開創」本質上代表一種改變，雖然，改變不一定比較好，但是，不改變一定不會比較好，實際上，教育人員是有理念、有目標、有方法，深具理性的時代工作者，知道如何來發展，也知道如何來開創，更何況常能運用團隊合作的方式，以求周密、周延的運作決定。然後據以不斷地提醒、教育、輔導、訓

練，以期能牽引學子邁向目標。基本上，這種「改變」是可以期待的、是樂觀的、是深具希望的，值得大家來支持和運行。作者本乎此一理念，特不揣簡陋，運思如本文所述，請指正。

高職教育發展的途徑

壹、前　言

前行政院教改會召集人李遠哲在給中小學老師的信中提到：「臺灣的教育生病了，中小學生早出晚歸，在沈重的課業負擔下，消磨掉一生中最值得珍惜的青少年歲月，強健的體魄未必練就，倒換來了鼻樑上一副副眼鏡；創造發明的智慧未必得以開啟，腦中卻塞滿了支離破碎的知識。尤有不幸者，更被社會不良因素感染，日漸淪喪了求善的稟賦」（李遠哲，民83）。

的確，目前的教育正處於十字路口，許多措施，因看法多元，叫人不知如何是好。因此，有人說：臺灣的教育正處於最惡劣的時候，許多人因為教育環境的不良，為了子女教育，寧願拋棄一切，移居國外；臺灣教育處於最美好的時候，因為絕大多數人體會到改革的必要（楊茂秀，民84），我們有幸生於這個關鍵的時刻，參與改革的事務，責任重大，不能不慎。

前臺北市教育局長吳英璋（民84）曾就技職教育提出三大改革方向：將「終點教育」的課程設計調整為「終生教育」；高職教育是國中畢業生的「適性選擇」，不是「第二選擇」；強化高職的教學和輔導。接著《中華民國教育白皮書——邁向二十一世紀的教育遠景》（教育部，民84），在技職教育方面，也有了具體的宣示：①制訂技職法規，建立彈性學制②配合政策，培育技術人力③調整技職體系，暢通進修管道

④加強實務教學，落實技職教育目標⑤改進入學方式，放寬修業年限
⑥合理分配教育資源，輔導私校健全發展⑦加強弱群技職教育，提昇
國民技術水準⑧推廣建教合作,加強教考用合一⑨結合生涯教育理念,
建立終身學習環境⑩降低班級人數，提昇教育品質⑪重視專業教育,
加強人文陶冶。

這一連串教育改革的宣示，強調「紓解升學壓力」以及「教育自
由化」，朝向「人本化」、「多元化」、「卓越化」、「精緻化」、「未來化」、
「國際化」，如能逐步落實，可以使技職教育呈現新的風貌，基於教育
改革的需要，作者以「高職教育發展的途徑」為題，試從理念的建立
與發展途徑兩個向度分別提出淺見如下：

貳、理念的建立

理念的建立與全民共識的凝聚是教育改革能否成功的主要因素,
在技職教育改進上，自應將其列為重要項目，建議如下：

(一)建立廣義的技職教育理念

當今高級中等學校教育中，高中教育——博雅，與高職教育——
技術的分流，使高級中等教育失掉了統整的教育觀，造成對技職教育
諸多「觀念的模糊」、「識見的誤解」與「取捨的偏差」。就如同1959年,
劍橋基督學院的施諾爵士在「二個文化及科學革命」的論文中指出,
由於文化之分裂，使人們不能對「過去」作正確的解釋，不能對「現
在」作合理的判斷，同時也不能對「未來」有所展望（金耀基，民69）。
成為教改重點之一的高中職學生比率的爭論，將技職教育視為「第二
選擇」或「最終選擇」，優秀學生比較不願進入技職學校就讀等，都是
「高中」、「高職」分立與隔離的結果，實非教育發展的常態。

其實，就教育的終結目標或務實結果而言，學習到了一定的階段後，就自然走入工作世界。一方面貢獻所學，一方面獲取生活保障，完成自我實現的目的。就此一觀點而言，高中何嘗不是職業教育，據此，高中高職又何須有多大的差別呢？因此，我們社會亟需建立廣義的技職教育的理念，將兩者作必要的統整，不宜再存壁壘分明之思了。

㈡高職是國中畢業生的「適性選擇」

　李遠哲（民83）認為國內的教育過分僵化，平等教育機會的理念，常演變成平實主義的假平等，各式各樣能力的學生，都被擠壓到統一的模式裡頭，性向不在學術的學生也只有被填鴨。學生先是不知、不肯或不敢，到最後則是無機會依自己的興趣、性向做最適性的選擇，這種非理性的盲目選擇，其實就是學生挫折、衝突的開始，是學習無法快樂、是校園暴力的濫觴。因此，我們必須了解適性選擇學習領域的必要，對學習的選擇只有適當與否，沒有好壞之別，唯有真正的適性，高職的學生才能學得輕鬆，學得自然，也學得快樂。

㈢高職教育是「終生教育」的「中途教育」

　目前高職課程是一種終點式的設計，不能滿足時代發展的需要，學習終點時機的選擇，應該由學習者來決定，不是由課程設計者來決定，更不是由教育行政人員來決定，實際上，終點式的課程設計是技職教育淪為次等教育的主因之一。吳清基（民84）分析社會現象指出，技職教育得不到社會大眾的青睞，理由現實，唸完高中有五十二所大學校院，供他選擇，機率很高；讀高職的學生，技術學院只有六所，機率太低。雖然五專、二專有七十二所，但是，由於沒有學位文憑，實在不足以吸引青年學子。因此，當今之計，務必改變高職是終點教育的理念，廣開管道，暢通技職系統學生的升學進路，將終點教育的課程設計改為進路開放，多元的終生教育，讓他們有多樣化的公平選

擇機會。

參、高職教育發展的途徑

可供改進高職教育發展的途徑很多，本文試分八個途徑來說明：

㈠改進入學方式

入學考試方式是教改聲中最急迫又最具爭議的課題。李遠哲曾提出希望五年內廢止大專聯考，改用更為多元、合理適性的替代方式，來甄別學生進入下一階段的學校繼續就讀，此一甄別不同能力性向的學生進入不同性質的學校的方式，影響一個學生能否快樂學習、有效學習，當然重要。目前試辦中的自願就學方案，國中各種藝能科目優秀學生保送高職相關類科，可以研究改進或擴大辦理，讓具有明顯技術傾向的學生能以比較方便自然的方式入學，其他如減少或簡併考試科目，不同類科選擇不同科目加權的方式，或採觀察推荐，或單科優良學生，社團活動有傑出表現者，運動項目表現傑出者……都可以有合理的管道進入高職就讀。

㈡重塑教師形象，發揮專業能力

「人」是成就事功的關鍵，有好的制度，沒有合適的人才來推動，制度難生事功；制度有缺失，人力犖靠堅實，事功仍能展現；沒有好制度，又缺少好的人才，組織自然會渙散；有好的制度，加上好的人才，就如虎之添翼了。

大致說來，教育人員多具專業理念，唯長期以來，在僵化制度的運作下，漸失其表現專業的習慣，導致專業能力的表現不足，許多教育問題的滋生、惡化，多半導因於教師缺少專業性的因應，如體罰、過度補習、濫用參考書、測驗卷、教材分量的爭議……等都是。因此，

談論中的「教育鬆綁」、「教育權的釋放」、「減少行政干預」、「教育自由化」、「教材多元化」、「教科書自由化」、「活動多元化」……等，其成敗關鍵，都將落在教師是否具備足夠的專業理念，能否展現令人信服的專業行為上，這是值得重視與開發的途徑。

因此，教師應該再確定自己的角色行為，及他人對自己行為的期望，進而建立公共形象，因此，教師須有正確的形象知覺，從而發展出專業的使命感、責任感，使自己在教學、輔導和引導學生活動的過程中，表現出與其他非教師人員顯然不同的專業行為來。

(三)營造快樂學習空間

目前高職的學習空間擁擠僵化、科目多、時數高、難度大、教學方式不夠靈活、學生自由時間、自主性學習空間不足，導致教學困難，學生逃避學習，甚至放棄學習，成為行為偏差的青少年，這也是導致學生學習挫折、學習生活不快樂的主因之一。從長遠看，應該修訂課程、減少時數、簡併科目、減輕學習負擔，增加學生自主性、自發性的活動機會和空間；近程則可以考慮大幅授權各校根據師資狀況，調整時數和科目，減少教材分量，增加學生策劃活動、參與活動的機會，讓不同學習專長的學生從不同學習項目中博取掌聲，尋回學習的樂趣，獲得成就和滿足，重建高職學生的學習信心和尊嚴。

(四)調整高職學校的體質

課程的性質、結構或學校設立的模式決定學校的體質，進而影響學生就讀的意願和畢業生的出路，是學校發展和教育改革的重要項目，茲分別說明如下：

1.維持現行的課程性質和課程結構

維持現行的類科、課程和結構，僅加強教學、輔導和學生實習，是改變最少者。

2.調整課程性質和結構

將現有類科依社會變遷和發展之需求、社區不同需要，機動調整設科和教學科目，同時提高普通學科科目所佔百分比，降低專業科目比重，配合於畢業後就職前之職前訓練。此種方式可以增加畢業生普通學科能力，提高將來轉業時，再訓練之可能性。此外，亦可考慮在現行附設有職業類科的高中加以轉型，開放高中部高職部課程交流，提供兩部學生相互選修的管道和機會，其選修辦法可以另行商訂，使此一類型的高中成為混合高中。

3.試行辦理高中及區域性職業訓練中心

高職逐漸轉型為高中，惟為適應職業輔導與職業試探之需要，以區域性作考量，由若干高中共同使用一個職業訓練中心，提供學生選習職業科目的師資、課程和設備。

4.試辦綜合高中

根據學校條件，將高職逐步轉型為綜合高中，由各校自行規劃普通科課程和職業課程。目前教育部已規劃出綜合高中模式，有別於現存的高中附設職業類科模式，可供參考，是未來高級中等學校教育發展的新途徑，值得密切注意。

5.辦理普通高中

這是轉型幅度最大、最徹底的模式。社會的發展、科技的進步，到了可以完全停辦高職的程度，使有需要修習技職能力的國民，都在高中畢業後才開始修習。轉型後的高中只保留少數職業輔導和課程而已。

(五)拓寬升學管道

國人重視文憑、在乎學歷，甚至於政府用人，政黨舉才，都無例外。雖然社會賢達提醒年輕人不要過度重視文憑，不必在乎學歷，效

果仍然不大，尤其，經濟快速發展，國民所得提高，多數家長有財力提供子弟接受高等教育，而高職學生的升學機會相對於高中，懸殊太大，國中畢業生自然要擠高中入學考試的窄門。因此，必須大幅度拓寬高職畢業生的升學管道，則其學生的來源自然就會逐漸質好量多了。

因此，可以考慮新設技術學院、技術大學；大學聯招加重其證照的計分；大學推荐甄試可以開放名額給高職學生；大學聯考亦可根據學院性質，開放若干名額給高職學生來報考，比如：商學院、管理學院開放專讓商校學生報考的管道，工學院有專讓工校學生報考的管道……諸如此類，應該是合理的，為什麼讓高中、高職學生在大學聯考中立於不平等的競爭地位呢？

(六)加強學企合作

杜威說「職業學習最適當的途徑是在職業中訓練」，只是此一方式在具有大量教育性質的學校教育事實上無法辦到，加以在職業教育領域中，由於經費、人員、哲學與機構氣氛等因素，常常無法趕上職業世界的進步，這是造成職業教育畢業生無法獲得雇主滿意的因素之一（康自立，民74），因此，開發建教合作管道，相互提供可運用的資源，可以縮短學企間的差距，是改進職業教育的良好途徑之一，此一方式可以由行政單位協調辦理，更可以由學校自行規劃因應，分別類科成立建教合作促進委員會規劃、設計合作模式，比如相互提供場所、設備、人力和資訊、讓雙方基於平等、互惠、共生之原則，參與計畫，可以節省企業的成本，更可提供學生務實的學習機會，減少職前訓練的需求，從而提昇企業體和員工的共同意識。因此，結合職業教育系統中「模擬系統」和「在職訓練系統」，讓學生從合作中學得更為落實，應該是一條可行的途徑。

(七)加強職校的社區性風格

目前由於課程統一、僵化，學校難以有自我發展的空間，因而缺乏社區性的風格，十分可惜。應該基於教育多元化的精神，授權學校加大選修課程的幅度，同時，對社區採取開放、接納的態度，再運用對話(dialogue)、參與等方式，有效運用社區資源，蒐集社區有用的教育訊息，讓學校和社區有共享彼此資源的機會，也讓學生培養熱愛鄉土的精神，可以收到多元化的學習效果。

(八)加強教學與輔導

教學、輔導是顯現學校教育功能最基本、最重要的途徑。沒有教學輔導，就沒有學校的教育功能，尤其是面對青少年學生，心緒尚未成熟。就教學的目標言，靈活的個別差異性應該優先於僵化的公平性，教會、學會是教學的主要目標，因此，應該容許學生有重複學習，分段學習，重複測驗，分段測驗的機會，如此，讓學生有充分進行補救的時間和空間，才容易有進步的可能。教師也可以考慮多找學生的優點表揚，找學生的缺點來輔導改進，容許學生有犯錯的機會，犯錯正是學生學習和進步的因緣和機會，不是學生受罰的要件，如此，適時教學、積極輔導改進，讓學生快樂學習，也品嚐學習快樂，進而能重拾學習信心，實在是當今高職教育亟待改進的課題。

肆、結　語

教育是永恒的志業，其理念當隨時代的需要不斷地發展，其所用的策略或改進途徑也應隨時代的變遷而調整，應本乎不斷地提醒、無休止的輔導，才能使教育開花結果，所謂十年樹木，百年樹人，正可以說明教育工作需要長久的投注與期待。

高職學年學分制課業輔導模式

壹、前　言

　　教學活動是師生互動的一種歷程，基本上是「老師教、學生學」，其最終目的則是要輔導學習者學會知識、技能，學好態度，達成教學目標。本規劃旨在設計多樣適切的課業輔導模式，期使老師教得更有效能，學生學得更成功，行政運作更順暢。

　　學年學分制的教學運作，較傳統學時制更強調學生個別化和能力本位的學習，學生要為自己修習的課程負更大的責任，在系統化教學的程序中，從認識學生、決定目標、準備教材、選擇方法、安排環境，到輔導學習、成績評量及檢討改進等，每個環節都與教學的成敗息息相關。學生選課之後，如何設法把每個學生帶上來，輔導學生有效的學習，建立學習的信心，提高學習的興趣，開發學生的潛能，激勵成績不斷的進步，增加成就感，使學生視學習是一件快樂的事，進而達成「每位學生都學會，成績都及格」的基本理想。這是推動學年學分制亟思著力的重要課題，本規劃擬就課業輔導面，訂定具體目標、實施項目，研擬輔導原則、策略、流程，構想實施時可能遭遇的問題及解決建議，並列舉應注意的事項及可依據的相關法令，供各試辦學校參考實施。

貳、目　標

1. 訂定輔導項目、原則、策略、流程，構想實施時可能遭遇的問題及解決建議，並列舉注意事項及相關法令，供各校參考實施。
2. 建議教師採行最適切有效的教學方法，增進教學成效。
3. 引導學生有效的學習方法，建立學習的信心，提高學習的成效。
4. 輔導改進評量方法與時機，激勵成績不斷的進步，減少學生學習的挫折感。
5. 開發學生的潛能，提高學生學習的興趣與成就感。
6. 溝通師生觀念，熟悉運作方法，減輕行政壓力。

參、輔導項目

(一)教師教學

1. 教材內容得參酌編班方式、學生需求予以調整。對於需要重補修之學生，教師宜配合其個別差異，選擇、編輯教材。
2. 教師配合教材靈活運用各種教學法（如小組討論、實作……）。
3. 教師配合現有設備善加利用教學媒體及電腦輔助教學以引起學生學習興趣。
4. 對低成就學生進行個別化教學、補救教學或指導學生自學，並實施階段性評量，以考核自學成效。
5. 對績優學生應實施個別化教學，必要時設計個別化加深加廣教學方案，以適應個別差異。
6. 技能上的學習須確實做到個別指導。

㈡學生學習

1.輔導學生解決學習困擾，以增進學習效果。

2.輔導學生瞭解並選擇有效學習方法。

3.輔導低成就學生補考、重修、重讀、轉部、轉科或轉學。

4.輔導績優學生選習高一級之課程，以加速學習，或增加其他合適之適應措施，以加速學習。

5.培養學生學習興趣，開放學習的空間，鼓勵學生多方吸收相關資訊，於上課中與教師、同學分享。

6.養成學生上課集中注意力的習慣，掌握學生學習興趣。

㈢教學評量

1.宣導合理的評量觀念，充分配合學年學分制的實施。

2.重視形成性評量，使評量更為合理化、人性化，以鼓勵學生學習，提昇學生程度。

3.成績評量以學期為單位，每一科目學期成績及格，即授予學分。

4.依能力本位標準參照評量之精神，儘量提供學生努力學習通過評量之機會。

5.辦理學業成就鑑定，對鑑定及格者，授予學分。

6.技能科目檢定及格者，授予學分。

7.實施多元化的評量方式，如口試、書面報告等。

8.評量的結果應提供輔導單位，作為學生個別輔導的參考。

㈣課後追蹤

1.各校於期末舉行相關座談會，或由輔導室作統計，鼓勵學生提出意見。

2.對於學習成績優異或學習困難的學生，教師應作個別輔導。

3.輔導適應不良學生轉科、轉部或轉學。

(五)學生自學

1. 開放某些科目由各校提供參考教材與學習空間，讓學生自己學習，並統一於學期初或學期末，舉辦免修學分鑑定測驗，經「審查小組」鑑定合格者，得免修該學科該學期或學年課程，並授予學分。其鑑定標準及方式由各校自訂。

2. 協調任課教師輔導學生自學，以加速其學習進度，並實施階段性評量及安排學習進階。

3. 重補修班或補救教學班人數未及開班人數採自學輔導方式，授課方式及評量原則應予制度化。

4. 利用網路增加自學的機會。

肆、輔導原則

　　學年學分制的課業輔導原則，不僅可自許多的教育理論或學習原則中整理出一些具體的方法，也希望以學生個別化、能力本位的方向，來協助教師有效教學及輔導學生愉快學習，以下六點是必須考慮的輔導原則：

　　(1)激發學習動機，提升學習興趣。

　　(2)配合成熟程度，因材施教。

　　(3)強調個別差異，開放多元學習、評量管道。

　　(4)強化所長、彌補缺點，把每一個學生帶上來。

　　(5)發揮專業，把握起點行為與終點行為，建立可達成的學習目標。

　　(6)以愛心寬容態度，善用獎勵與懲罰，適時提供必要的回饋。

伍、輔導策略

　　由於學習輔導的原理是以學習心理學為基礎，主要包含了行為學派、認知學派、認知行為心理學原理與後設認知心理學原理等，為了達成「每位學生都學會，成績都及格」的基本理想，及強調個別化、能力本位的輔導原則，以下僅就六方面來作一概括性的討論並提出具體可行的輔導策略以供參考。

一、重視學生心理建設的策略

(一)激發學生學習動機策略

　　通常成就動機高者，學習驅力強，抱負水準高，反應快且較高的成就。所以老師可以激發學生的學習動機，協助學生學習。

　　　(1)運用外在環境因素——

　　　　(a)考試

　　　　(b)記分

　　　　(c)排名

　　　　(d)發獎品

　　　(2)激發學生內在動機——

　　　　(a)上課前五至十分鐘說一段故事、放一段音樂、影片。

　　　　(b)舉出公眾人物、學生偶像成功的實例。

　　　　(c)參加成長團體等。

(二)提昇自我概念與內控性策略

　　許多實證研究結果表示：持正向自我概念的學習者在面對學習的困難時，經常更努力嘗試與持續去面對接受學習上的挑戰，以及提昇

內控性偏低學生的內控性對其學業與生活、心理健康等有其正面意義，所以老師除激發學生學習動機外，另從提昇學生自我概念與內控性以幫助其學習。

(1)閱讀名人傳記與勵志書籍。

(2)利用重要關係人給與鼓勵與肯定。

(3)參加認識自我成長團體。

(4)利用積極自我內言與自我應驗方法改變及調整個人合理思考、信念，進而建立信心自己的努力可以影響學業成效等。

(三)加強學生學習責任感的策略

當學生視學習為自己的責任時，將可提昇學習效果。

(1)與學生訂立行為契約。

(2)鼓勵學生多表達、多發問。

(3)提供團體討論機會、同儕協助學習、角色扮演。

(四)提高學生成就感的策略

(1)從學生的起點行為教起。

(2)學習內容簡單化、編序化。

(3)簡化教材難度。

(4)重複、（分段）學習。

(5)隨堂補修，隨時學會。

(6)發掘優點，給予鼓勵。

(7)開發不同學生之不同專長，培養「群類」現象發展各自舞臺。

(8)建立多元價值觀念，人人均能發揮所長。

(9)每試之後，立即補救。

二、提昇學生學習策略的能力

1.基本的（內在心理活動的）學習策略

　　①複誦②組織③精緻化等策略。

2.外在支援的學習策略

　　(a)劃課文重點、上課作筆記

　　(b)專心術與注意力的控制

　　(c)運用考試技巧、準備考試和學習技巧訓練

　　(d)認知重建

　　(e)鬆弛訓練

　　(f)時間管理

　　(g)重複（反覆）學習（測驗）

　　(h)分段學習（測驗）

　　(i)延長時間

　　(j)簡化內容

　　(k)多元學習管道

　　(l)開發策略

　　(m)體學學習

3.統合認知（後設認知）的學習策略

　　學習者對其使用之基本的、支援的學習策略的監控、考驗現實、調整計劃等。

三、學校行政實施補救教學

　　在於協助未達最低標準之中低成就的學生，依其個別需要，提供額外的學習機會，使其成績能達規定之最低標準。補助教學模式有：

　　(a)資源教室

(b)重補修

(c)電腦輔助教學

(d)自學輔導

(e)調整教學評量標準

(f)合作學習

(g)小組學習

(h)小老師制

四、提昇教師知能

1.觀念方面

(a)教學觀念的調適

(b)評量觀念的調適

(c)班級氣氛的引導

(d)對學年學分制的了解

(e)自我期許成為學習型的人

2.技術層面

(a)目標導向

(b)高組織性的呈現教材

(c)多啟發、多發問

3.情意層面

(a)表現溫暖、同情、熱誠

(b)重視學生意見

4.行政上全力支援教師教學

五、營造班級氣氛

　　營造團結、向心力、互助合作、尊重、真誠的班級氣氛不僅使學生對班級產生認同感，亦可提昇學習效果，因此可運作多種方式來營造班級氣氛。

　　(a)共同訂定學習計畫

　　(b)創造師生雙贏局面

　　(c)加強師生溝通等

　　(d)適時穿插休閒性、康樂性活動

　　(e)參照補救教學措施、提昇學習興趣，降低競爭的敵意

　　(f)教師適當的生活關照

　　(g)經常鼓勵學生

　　(h)減少相互間的比較

六、重視親職教育，加強親子溝通

　　(a)舉辦家長座談會

　　(b)協助家長舉行家庭會議

　　(c)建立學校、家庭、社區輔導網路

　　(d)舉辦家長成長團體

陸、輔導流程

　　課業輔導進行的流程，概括的說可以分為四方面：資料的搜集、問題分析與診斷、處理與輔導、追蹤與檢討。當實地從事課業輔導時，這四方面的工作可從以下十一個流程來進行：

1.選定課業輔導對象

2.確定課業輔導對象的問題與癥候

3.搜集有關資料

其方法如下：

⑴搜集課業輔導對象原始資料法：如自傳、學籍卡、綜合資料表。

⑵測量法：如實施智力、性向、成就、興趣測驗等。

⑶訪問法：家庭或鄰里訪視。

⑷教師會報法：導師、任課老師、輔導老師隨時交換意見。

⑸直接觀察法：利用與個案接觸時，仔細觀察個案的行為。

⑹個別談話法：約談或由學生主動要求會談。

⑺體格檢查法：身心一體，可檢查個案身體情形。

⑻資料分析法：由學生週記、作文、圖畫分析學生的心聲。

⑼問卷法：設計問卷獲得學生資料。

⑽心理分析法：以自由聯想及夢的分析使個案的壓抑表達出來。

4.分析

根據所搜集的資料，以客觀的態度、專業素養佐以輔導原理、學習心理學或工作經驗，按問題發生之前因後果、輕重大小，詳細分析，以斷定困難及問題的癥結所在。

5.診斷

⑴尋找問題之癥結。

⑵推論問題發生原因。

⑶就所搜集資料驗證上列原因，並與專家學者研討後成立診斷。

6.處方

根據診斷結果，選定處理與輔導的策略，然後，依問題行為提出處理與方法，其方法應依個人問題的性質與輕重有所不同，並且處理或輔導過程時記錄存參。

7. 執行

依據提出之處理與輔導策略實際執行。

8. 追蹤

通常在執行處方後相隔一段時期進行輔導對象追蹤。其方式多採「問卷」方式進行、或輔以「晤談」、「電話」方式為之。

9. 檢討

經由追蹤輔導報告瞭解診斷後提出之處理與輔導策略或運用在輔導對象時是否適當。

10. 修正

輔導策略如果適當則繼續執行，不適當則需立刻修正，或另行選擇其他處理與輔導策略。

11. 完成

完成整個輔導流程。

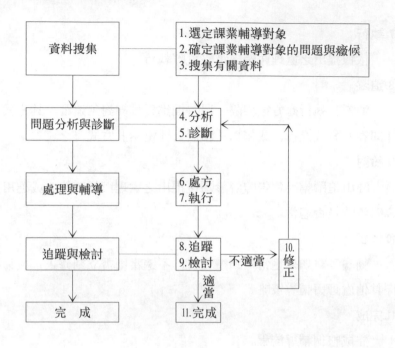

圖三：輔導流程

柒、問題與解決建議

問　　　　題	解　　決　　建　　議
1.目前職業學校科目過多，每週授課時數過高，在正常時間內安排重補修有困難	未來修訂課程標準時，適度減少科目時數，方能寬裕重補修之時間
2.轉科、轉學生補修學分數過高，找不出補修時間	補修課若太多，本應輔導該生有讀第四年、第五年的觀念及準備

3.稀有科別班數較少，重補修授課安排不易	各校需因地制宜，對重修之稀有科目，採跨部（高中、高職）、校、科及自學輔導方式開班辦理
4.自學輔導方式，成效不彰	自學輔導方式宜訂定相關辦法，如時間、管理、評鑑標準、設計學習單或作業單，才能取得家長及學生之信賴
5.工場實習課不適合自學輔導	學校可安排學生在寒暑假進行督導下的建教合作以取代實習課之重補修
6.教師因個人因素而故意壓低成績，造成不及格	加強溝通，以取得全體教師瞭解、認同，並加強監督以改善教師故意製造「不及格」及「放水」之情形
7.教師不願意擔任重補修課程而導致上課放水、評分偏高之情形	
8.低成就學生一方面要修習新的科目；一方面要利用其他時間重修不及格的科目，加重學生的學習負擔	法令及學校並沒有硬性規定第二年應把第一年的不及格科目修完，故學校加強輔導此一觀念，以減少學生不必要的心理負擔
9.過高的不及格率及重補修、補考，對教師及學生均為一大負擔	・成績考查辦法中的補考規定及有關法令條文修訂後，應可減少教師及學生負擔 ・就目前過高的不及格率，教師應在教材難度、教學方法、輔導原則、輔導策略及評量方式上，予以檢討改進
10.學生對選修科目的學習態度不佳，對整個班級的學風有影響	選修科目教師應該以在教學上的創新，引起學生學習興趣
11.對特殊學生背景多元化的輔導不易	・設立資源教室 ・安排輔導教師、小老師輔導 ・妥善應用社會資源 ・教師輔導知能進修
12.延修生成績考查及生活管理的困擾	儘速訂定相關辦法

13.預修生成績考查及生活管理的困擾	儘速訂定相關辦法

捌、注意事項

(一)行政方面

(1)定期實施學年學分制觀念的宣導工作。

(2)妥善擬定重補修及補救教學施行細則。

(3)通知學生學期成績不及格之科目，可申請重修。

(4)針對轉學、轉科學生，辦理補修。

(5)安排延長修業年限學生進行重補修學分。

(6)對於定期考成績未能及格之科目，隨時安排補救教學。

(7)定期通知學生個人累計之及格總學分數及必修科目之及格率是否達80%以上，以作為重補修之參考。

(8)安排適當的選修時段，提供更多的選修科目以滿足學生多元化的興趣與需要或讓低成就學生有充裕的時間參加重補修。

(9)規劃績優生輔導事宜，辦理績優生甄選參加預修課程。

(10)妥善擬定課程綱要。

(二)教師方面

(1)宣導學年學分制之理念與精神。

(2)輔導學生適性的選習課程。

(3)多與家長連繫，讓家長能夠瞭解孩子在學校的學習情形。

(4)安排課程須難易適中，不要太艱深。

(5)應加強教師研習評量方法、評量標準，以避免過高的不及格率。

⑹對於重讀生、延修生及低成就學生，教師務必要有更多的耐心與愛心，多激勵學生，多實施反覆教學，以造就更多的學生。

⑺加強教師第二專長進修。

(三)學生方面

⑴必須瞭解學年學分制的特色與具體作法。

⑵務必主動積極的學習，以降低重修的機率。

⑶瞭解個人性向與興趣，作為選課之參考。

⑷學生在校學習及選課之情形應主動告知家長。

(四)家庭方面

⑴家長儘量參加學校舉辦之學年學分制宣導會及家長座談會，以期對學年學分制有更深一層的瞭解。

⑵隨時與學校取得連繫，瞭解孩子在學校的生活情形。

(五)同儕方面

⑴彼此溝通選課的訊息與意見。

⑵同儕選課毋相互牽絆，造成個人學習的損失。

⑶在多元化的學習管道中，同儕之間更應互相勉勵與鼓舞。

(六)社會方面

⑴社會大眾應以樂觀其成的態度，對於技職教育重大的改革——高職試辦學年學分制，給予正面的鼓勵與建設性的意見。

⑵企業單位提供就業資訊，作為高職試辦學年學分制設科的依據及課程改革的參考。

(七)科技大學、技術學院及二專能提供預修機會。

玖、相關法令

高級職業學校試辦學年學分制實施要點（中華民國八十六年十一月十日教育部臺技字第八六一二九八八五號函修正頒布）

高級職業學校試辦學年學分制課程調整要點（中華民國八十五年七月二十四日教育部臺技字第八五五一三○二○號函頒布）

高級職業學校學生赴技術學院或專科學校提早選修專業課程試辦要點（中華民國八十五年七月二十四日教育部臺技字第八五五一三○二○號函頒布）

職業學校學生成績考查辦法（中華民國八十一年十月二十八日教育部臺技參字第○五九二四二號令修正發布）

高中、高職及五專學生科目學分抵免處理實施要點（中華民國八十三年十月三日教育部臺中字第○五三三七二號函發布）

高中特種身份學生學業成績及格標準（中華民國八十年九月十二日教育部臺中字第四八五四二號函發布）

高中（職）視、聽障學生智育成績及格標準（中華民國八十三年七月二十九日臺北市政府教育局北市教四字第三七一六二號函發布）

臺北市高級職業學校學生學習輔導實施要點（中華民國八十一年九月
十五日臺北市政府教育局北市教一字第四七八四二號函發布）

高級中等以下學校及幼稚園教師在職進修辦法（中華民國八十五年十
月二日教育部臺參字第八五五〇四四一七號令訂定發布）

各試辦學校得依據相關法令，自訂實施要點。

發展與改進國中技藝教育

一、前　言

　　國民教育是國民在法定年齡內應受的基本教育，因此，國民教育是全民教育，是國民生活教育，也是國民養成教育，國民教育所強調的是「有教無類」、「因材施教」，希望「人盡其才」、「才盡其用」，人人都有發揮的機會和空間。因此，施教過程中，無違延緩分化而能提供有助於導向分化的試探因子是必要而可行的，尤其，學生來自不同的成長背景，個別差異必然懸殊，如能提供較為多元的學習管道和學習內容，對不同性向和不同學習意願的學生之選擇和學習，必有助益。唯國民中學受到升學主義的影響，教學課程以升學考試為導向，疏忽生活輔導，對於學生的能力及興趣，未能有效的引導，並施予適性的教育，因此，對於學習能力較低、升學意願不高、有就業傾向或有職業發展傾向的學生，較未能充分的照顧與輔導，以致於衍生諸多的問題（郭為藩，民83），這些現象實在亟待導正，以求平均發展並整體提高國民素質。「發展與改進國中技藝教育方案——邁向十年國教目標」因此應運而生。

二、落實生涯輔導與職業輔導　激發學生發揮潛能

　　「發展與改進國中技藝教育方案——邁向十年國教目標」於民國82年11月奉行政院核定，自八十二學年度起在臺灣地區試辦三年，希望透過多元運作的方式，引導國民中學教學與輔導並重，落實生涯輔

導與職業輔導，建立完整鑑別模式及輔導體系，讓國中生於國二時，修讀職業陶冶課程，加強職業認知及職業試探，了解個人的能力、性向、興趣及人格特質，提供適合接受技藝教育學生於國三開始，接受二年技藝教育課程，尤盼能透過生涯輔導、職業陶冶與技藝教育的方式（教育部技術及職業教育司，民82；民83），使之習有一技之長後，再離校就業或繼續就學，以確保每一個國民都能享有十年國教的機會和權利。

三、借鏡先進國家之措施　兼顧低成就學生之學習

　　此一構想，切合時代發展需要，再者，盱衡當今歐美先進諸國前期中等教育之做法，在制度上設立綜合或多軌的彈性學制；在輔導上建立觀察輔導或定向輔導的生涯輔導體制；在課程上開設試探性或準備性之多樣化職業課程，使學生能力、性向及興趣獲得適當教育，導引適性發展，充分發揮潛能（郭為藩，民83）。邁向十年國教方案之規劃，充分參採、考慮先進國家的做法，因此，本方案的有效實施，可提供國民教育多元化的學習內容和學習方向，能兼顧學習能力較低，學習成就不夠明顯，或較不具學術傾向學生的學習和輔導，使國民的養成教育具備周延的試探和引導分化的功能，為升學主義提供另一劑矯正良好達成國民教育的目標。尤其，可在國中階段，彰顯職業試探和引導分化的功能，形成國中技藝教育的基礎體系，從而落實國中職業試探、分化乃至技藝教育的要求，對整體的技職教育而言，有向下紮根、向上應合銜接的整合功能。此外，亦能回引輟學學生以及百分之十四未升學的國中畢業生，接受技藝教育，使之具有謀生技能，再進入工作世界，進而減少青少年犯罪比率，減輕社會負擔，甚至於增加人力產值，真正發揮國民教育、技藝教育的積極功能。

四、邁向十年國教目標

　　基於前述各因素以及當前經濟轉型、產業升級和社會脈動的需求，前行政院連院長於民國82年5月20日提示：「教育部為使未升學的國中畢業生在離校時能有一技之長，得以順利就業，擬自八十五學年度起，讓這些國中畢業生接受一年的職業教育，此一邁向十年國教的構想，切合當前社會需要，希望教育部能提出完整計畫報院」，同年6月11日當時連院長巡視教育部時，即指示：「擴大辦理技藝教育，提供應屆畢業未升學國中畢業生繼續接受為期一年的技藝教育，此一構想立意甚佳，惟宜與技職教育併同檢討，並擬具體可行計畫報院」。

　　教育部受命並迅即組成規劃小組，分別就「行政與宣導」、「設科與課程」、「師資設備與檢定」、「輔導與鑑別」、「特殊教育」等五大領域，展開密集審慎地研議，經多次會商，終於確立了本案的思考基準係依據國民教育須兼顧學生升學及就業之需求與因材施教之理想，並配合國家建設發展，因應經濟轉型與產業升級的需求，在既有基礎上加速增進國中技藝教育，加強向上銜接高級中等技職教育，建立完整技職教育體系，以達成下列目標，為延長十年國民教育奠定基礎：

　(1)落實職業陶冶及生涯輔導，建立學生職業觀念，陶冶職業興趣。

　(2)輔導適合接受技藝教育學生，修讀技藝教育課程及繼續就讀技職學校相銜接之課程，培育健全的基層技術人才。

　(3)導正國中以升學為導向的教學，促進教學正常化；提供學生多元化學習發展課程，落實適性教育的目的。

　(4)輔導身心障礙學生接受技藝教育與訓練，或養護與復健。

　(5)減少國中中途離校學生比例，並降低國中層級青少年犯罪比例。

　　希望在本方案之運作下，國二加強職業試探，而國三開始選讀為期兩年技藝課程，學得一技之長後再就業。並自八十二學年起試辦三

年，如能達到預期目標，則將在八十四學年度另案呈報自八十五學年起全面實施十年國民教育之方案（教育部技術及職業教育司，民82）。

同時，為了落實推動，有效執行，規劃小組也確立了本方案係以國中技藝教育為主要範圍，並根據生涯教育的基本架構，分職業認知、職業試探、加深職業試探、職業準備等的階段，做為系統性規劃，在執行上則將之分為國二、國三兩個階段，在開班上則採取多樣化的型態，以因應地區差異的需要，此外，在課程規劃、教材設計、教學、及至學生之遴薦、輔導，技職學校之輔導，整個方案的執行策略，實施要領等方面，都形成了周延而具體的綱領，不但為部、廳、局和試辦學校，在推動上提供了依據，更宣示了教育部推動方案的企圖心。至於實施期程，則分為兩個階段，第一階段自民國82年7月至民國85年6月，亦即自八十二學年度到八十四學年度，是為試辦階段，第二階段由民國85年7月至民國86年6月，即相當於八十五學年度，為開展預備階段，政府將視財務狀況、相關法規修訂情形及本方案試辦成效，研擬十年國教之實施（教育部技術及職業教育司，民83）。使中華民國的國民教育繼民國57年實施九年國教之後，再一次邁向一個新的里程，在教育史上，無寧又是一件值得大書特書的要事。

總之，本方案的有效實施，可以為十年國教奠定良好的基礎，雖然只是部分學生延長一年的學習，這種局部作為或許是一小步，就整個教育制度的調整而言則是一大步，仍然值得肯定。目前本方案正在熱烈試辦中，教育部、廳、局和相關學校，投下許多時間心力，無論制度設計、課程規劃、學生輔導等方面都著力極多，尤其試辦初期，即聘請相關學者專家展開訪視、了解與輔導，廣泛蒐集試辦狀況資料，做為修正和執行之參考，我們樂見此一具有時代意義與價值的制度順利成功。

十年國教的前瞻理想

一、前　　言

　　理想的職業教育，直接授予學習者謀生的技能，陶冶其文化素養，誘導其才能、志趣、性向和情意之發展，協助其開拓寬廣的生活空間並豐富其生活內涵，間接有助於國家社會整體之進步。

　　教育部自八十二學年度開始在國民中學實施「發展與改進國中技藝教育方案——邁向十年國教目標」，經過三年，此一務實創新的理念，經過周全規劃、共識建立，再經落實紮根、擴充基礎、因材施教、應用資源，並進行區域整合、向上延伸，復配合以訪視評鑑，隨時修正調整的審慎歷程，至今綜觀成果，開辦班數穩定成長，教學品質逐步提昇，各種作業也已建立制度，已充分發揮「用少數經費照顧多數弱勢族群學生」的效果，也使國民中學畢業生就學率逐漸提昇，教學品質普遍獲社會各界肯定，績效堪稱良好，已為實施第十年國民技藝教育奠定良好的基礎。

　　如從學習者的角度來回顧，實施本方案，已逐步使這一群未受到充分照顧、關懷，欠缺成就和滿足，幾乎喪失學習信心的國中學生，重新獲得學習樂趣和進步的滿足快感，幫助他們重拾學習的信心，真是難能可貴，本篇依據相關陳述，以宏觀角度，綜合彙整，提出精進式檢討意見，並就未來展望，提出具體期待，以供參酌。

二、檢討精進——用心求支持、大力展宏圖

1.共識謀取方面

　　本方案普獲肯定與支持，自無疑義，唯自歷次訪談可以發現，在共識建立上，包括內部人員，如教育行政人員、教師、學生，外部人員如家長、社會人士、企業人士等，仍存有可待努力的空間。有共識的人越多，形成的共識越強，越有助於本方案的執行，因此，自不宜放棄任何一次可以宣導的機會。

2.觀念建立方面

　　觀念是行動的指導原則，最能影響方案的推行成效。衡諸國民教育的本質——有教無類、因材施教、協助每一受教者開發潛能，以及人道、公平、正義的期許，亟需讓未成熟的學習者能經由適性的學習而快樂的學習、有效的學習，進一步獲得健全人格的成長，否則，任使「偏智」和「升學」的影子仍然清晰可見，就無助於國民教育的完整發展，可見協助師生家長建立觀念的必要。

3.制度配合方面

　　制度是賴以執行推動的基本架構，好的制度可以順暢引導，使之事半功倍，從訪談中，可見第十年國民技藝教育符合當前社會需求，深受參與家長、學生之肯定與認同，有道是「民之所欲，長在我心」，本方案亟宜立法實施，形成制度，穩當推行。

4.經費支援方面

　　辦理第十年國民技藝教育，當然需要經費，包括開辦費、鐘點費、交通費……等，因各縣市財源狀況不一，對方案執行之支持強度自然不同，造成部分學校因應上的困難，影響及家長的決定，據估算，辦理本方案所需經費約五億七仟萬元，就全國教育總預算而言，其所佔額數不高，應可予以支持編列。

5.人力投入方面

由於國民中學在學人數逐年遞減及其畢業生升學率逐年增加之趨勢，實施本方案，原則上，不必增加教師和行政人員之編列，僅由現有員額以任務編組方式來辦理即可因應，唯設有技藝教育中心的學校，得置主任一人，其下分設教學實習及生活輔導二組，所需人員均由現有教師兼任之，此外，當然還需要校長及全體教職員工的精神關注和實質支持，此一關注、支持，所轉化而成的行政力量，對推動本方案就有很大的幫助。

6.學生進路方面

國四輔導班意在陶冶學生行職業基本知能，培養學生繼續進修之能力，奠定生涯適性發展之基礎，實用技能班在培養實用基層技術人力，以傳授行職業的就業知能為主，兩者俱在培養務實致用的就業、創業能力，將來如能配合社區發展、社會需求狀況，提供就業機會，或協助安置，甚至於還可透過基金方式，提供創業之特別貸款，將會有更大之助益。

7.聯絡協調方面

本方案國三技藝班採取校際合作模式，由縣市政府適當劃分區域，再由區內國民中學、高職、五專、職訓中心，採任務編組方式提供人力、物力合作開班，亦可由國中附設技藝教育中心負責辦理，必要時，縣市政府可以成立一個或二個大型技藝教育中心，整合全縣市各區資源，以利辦理，高一技藝教育班由高職辦理為主，各高職可以審酌自身條件，或自行辦理，或與職訓中心合作辦理，或與企業界合作，均屬良策，因此，不同單位，基於合作的需要，單位間的行政配合，聯絡協調自然極為重要。

8.學校包容與關懷方面

在訪視中發現部分現象，如國中學生到高職選修課程時，中午有無處可走之感，有些高職老師則覺得校園中多了國中生，徒增些許管教困擾，這些原本是一般校園容易見到的現象，本方案之執行，為能提供這一群學生有利的學習環境，也基於有教無類，因材施教的人道公平正義之國民教育理念，學校或合作單位同仁對國中生予以接納、關懷、照顧，形塑快樂的學習環境，引導產生隸屬感，是有必要的。

三、展望未來──開發新途徑、明天會更好

1.確立法源，形成制度

以高雄縣私立中山工商為例，該校於民國85年3月以國中學生四五八名，家長一五○名進行意見調查，計有百分之九十二的學生、百分之八十七的家長，贊成第十年國民技藝教育應立法強制實施，衡諸社會現況，基於社會公平正義、學生多元需求，以及國家發展需要，的確有必要考慮儘速立法，使之形成制度，以利推行。

2.順應潮流，延長國教

西元一九九○年，世界一九九個國家中，義務教育年限為十年者有三十六個，十一年以上者有十六個，而先進國家，絕大部份都在十年以上，以我國國民所得而言，應無不實施十年義務教育之理，再說，義務教育年限之長短是國家發展、人力素質高低的重要指標，延長義務教育年限，已是現代化政府努力的方向。類似本方案在法、德先進國家已行諸多年，因此，政府適時規劃，全面推動，早已完成十年國教，可謂順應潮流，合乎國際發展現勢。

3.廣義技教，適性發展

衡諸實情，任何途徑形式的教育，到最後，其受教者都要走入工作世界，就此一事實而言，所有的教育，都是技術職業教育，也就是

通稱的廣義的技職教育，希望能經由此一廣義技職教育觀念的建立、推廣，來模糊傳統上普通教育、職業教育二元對立的不必要、不合理現象，進一步轉化「技職教育是學生的最後選擇」，成為「技職教育是學生的適性選擇」的想法，真正消除時下一般人對技職教育的誤解，當會更有助於本方案之推行。

4.演練實作，能力本位

李遠哲先生曾評論當前知識導向的教育，在追求「背多分」，和文憑的壓力下，造就了只能解決紙上問題的學者，難以培養解決實際生活問題的專家，此一現象，企業界亦多所反應，實在是形同人力、物力的浪費。本方案的課程設計，則以行業基本知能為主，培養實用的基層技術人力、是透過以演練和實作為主的學習，可以達到能力本位的目的，發揮務實致用的效果，反而是一項相當合乎學習心理原則的方案。

5.平等自在，樂以學習

適性學習最容易導至快樂學習、有效學習，如能藉由廣義技職教育觀念的建立，輔導學生適性選擇、適性學習、適性發展、務實生活，肯定學習內容只有合適不合適，沒有好不好的觀念，逐步引導學生適性選擇，平等自在，樂以學習，則必可減低學習的失敗率和挫折感，失敗挫折的累積常導致青少年放棄學習，造成偏差和犯罪，因此，平等自在，樂以學習，消極的可以使犯罪率大幅降低，積極的可以促進學生身心健全發展。

6.發揮潛能，自我實現

學生一旦可以平等自在，樂在學習，自然可以學得有趣、學得有效，進一步較能發揮潛能，促進自我實現，獲得生活的樂趣和信心，因而可以全面提高國民素養及勞動力素質，促進國家整體進步，個人

生活如來的境界。

7.終生學習，永續進步

時下學校教育，往往提供過多過難的學習內容，加上升學競爭、文憑主義，造成國人留校學習時間很長，離校後讀書時間很短的情形，有別於像紐澳諸國，學生留校學習時間較短，而離校後，自己繼續進修讀書的時間很長的現象。在知識爆炸、日新月異的時代，兩者利弊可見，因此，透過制度的改變、模式的調整，提供適性快樂的教育，正可以引導學子喜歡學習、終生學習，獲得永續進步的可能，本方案的執行，可以開發這樣的可能。

8.開放多元，回歸教育本質

教育應該「有教無類」、「因材施教」，也應該顧及人道，公平與正義，因此，應該在基本價值觀和實際做法上提供開放多元的學習管道，才能滿足多元學生的學習需求，多元做法的依據，就是回歸教育本質，而回歸教育本質最簡單的策略，就是能適性的教會、學會，本方案的推行，正可以切合此一理想，準此，益見本方案的未來性和應行性。

9.從零拒絕，到全接納

本方案的規劃，希望提供不一樣的模式來協助每年度為數約百分之十四的國中生找到適性的學習途徑，消極的使學生不會拒絕進入學校學習，學校不致拒收學生入學的「零拒絕」，積極的能提供適性、有趣的學習內容，開闊寬廣的學習空間、釋放有效的學習能量，來服務、教導、包容、接納這一群學生，進一步使他們喜歡學校，讓他們也有機會成為快樂參與，快樂學習的主人。

10.厚植奠基邁向十年國教

本方案辦理三年來，成效良好，普獲肯定與支持，尤其對恢復學習信心，重新品嚐學習樂趣，解除教室中學習客人的窘境，使學生再

成為學習的主體，具有實效，各界對正式立法，強制實施第十年國民技藝教育，不但深具信心，且無不寄予厚望，因此，本方案的試行，可以說其所厚植的績效，已奠定了邁向十年國教的基礎，十年國教的契機，將益見成效。

四、結　語

　　哈佛大學加德納(Howard Gardner)教授認為，人類可以透過語言、數理邏輯分析、空間表徵、音樂思維、動作技能、對他人的了解，以及對自己的理解等七種途徑來學習認識外在的世界，如就認知心理的角度來說，不同學生擁有不同的心智能力，表現不同的心智現象，各運用不同的學習條件，各以不同的方式、速度來學習、記憶、思考及理解，從而表現不同的學習結果，本方案的規劃設計執行，在多元化的社會中，已獲得學理上的支持，再說，兒童權利宣言指出，應以學習者能否獲得最大的學習利益做為教學指導的關鍵考量，學生既然有不同的學習需求，教學的安排應該像自助餐一樣，提供最多種類的選擇可能，來滿足各種不同口味的客人一樣，來滿足不同需求的學生。

　　我們不能寄望透過單一的學習來適應多元的社會，時任行政院長的連戰先生曾在民國82年第二三三二次院會中指示教育部積極規劃辦理國中畢業未升學學生再接受一年技藝教育之學制，真是良有其理，教育部據此規劃試辦「發展與改進國中技藝教育方案──邁向十年國教目標」，輔導這一群學生自國三開始至少再學習二年技藝課程，再離校就業，自然切合時需，本文特別提出八項宏觀式的檢討精進意見、十項未來展望，作為繼續推動本方案的參考，希望能有助於達到本方案的目標：

　　⑴落實職業陶冶及生涯輔導，建立學生職業觀念，陶冶職業興趣。

(2)輔導適合接受技藝教育學生，修讀技藝教育課程及繼續就讀技
職學校相銜接之課程，培育健全的基層技術人才。

(3)導正國中以升學為導向之升學，促進教學正常化，提供學生多
元化學習發展課程，落實適性教育的目的。

(4)輔導身心障礙學生接受技藝教育與訓練或養護與復健。

(5)減少國中中途離校學生比例,並降低國中層級青少年犯罪比例。

綜觀本方案，投入的心血和得到的肯定回應，可以說基礎初奠，
相當可喜，至於未來的發展如何，則有待全體同仁的努力了。

高職聯合招生工作基本構想

前　言

　　入學考試具有明顯的選擇功能。因此，其試務自必須顧及客觀的合理性、公平性。本會聯招工作之品質與成敗，直接影響到五萬考生的選擇，間接吸引近百萬人的關心。因此，聯招的選擇功能和公信功能自必須絕對全力地維護。

　　聯招工作費時經年，自開始策劃準備，到報名、安排試場、考試、閱卷、登記、放榜、試題分析、相關試務研究、後勤工作處理、整理等等，費時極長，動員人力亦多，整個聯招事務，項目多、內容雜，可以說是點多、線長、面寬、體大，其工作成效之影響亦極為深遠。尤其有些工作點線的失誤，根本沒有時間、沒有機會補救，實在不容不加謹慎。

　　自受命以來，將士用命，群策群力，本著「磨刀時間何妨加長，用刀時間才能縮短」的心情，周密規劃，人人要做最壞的打算，才能做出最好的準備，如今能不辱使命，不但達到零缺點的地步，其中登記梯次數減少，梯次登記人數增加，更是突破性的大膽做法。彼時，工作同仁不眠不休，蒐集資訊，一再推敲研判核算，做成每梯次通知四百人報到的草案，又蒙委員諸公睿智決定，終使在登記期間內即有多校多科全部額滿的情形。最低分也提高不少，為八十二學年度聯招登記工作畫下圓滿句點。這個中既期待又怕受傷害的滋味，實在無以言喻。

現在，謹將整個聯招工作的基本構想，分工作目標、工作理念、工作原則、工作方法、工作要求、工作開展等項，大要的敘述如下：

(一)工作目標

聯招工作既然動員參與人力很多，費時亦長，嚴密組織、有效分組、慎選人員至為重要，唯影響聯招成敗之變項很多，這些變項中，能確實掌握者少，難以掌握者多。因此，工作開展先求平穩，再求突破。我們列舉了四項目標：

(a)平安順利

(b)完美無缺

(c)圓融和諧

(d)精緻創新

(二)工作理念

聯招工作同仁，皆屬兼職，平日忙於學校各種本職工作，交付聯招工作時，才採任務編組方式集中或分別辦公，因此，工作隸屬感較難整體、完全地提高，我們相約以情理來相互激勵，策劃小組提出了三個工作理念，以提高工作同仁的凝聚力、向心力。這三個理念是：

(a)責任

(b)榮譽

(c)服務

(三)工作原則

工作原則用以引導工作同仁形成較為一致的工作態度，產生較為接近的細部做法，並引導共識，使之易於溝通，形成支援合作的工作網路，使這一支混合成軍的聯招工作隊伍易於同心向期望的目標邁進，我們的工作原則是：

(a)全心投入

　　(b)周延策劃

　　(c)用心執行

　　(d)分工合作

　　(e)相互支援

　　(f)相加相乘

　　(g)任勞任怨

　　(h)合理和諧

　　(i)適度緊張

　　(j)邁向卓越

(四)工作方法

　　有好的構想，必須靠好的方法，才能落實，才能執行。工作方法的好壞，常常是工作效率、工作成果的保障，尤其聯招工作點多、線長、面寬、體大，工作經緯萬端，許多點前後呼應，一步錯，步步錯，更可怕的是，有些失誤一旦發生，根本無法重來，沒有時間、沒有機會補救，更是不能不慎重。因此，我們要求自己「磨刀時間要長，用刀時間才會短，也才會輕鬆」，磨刀時間長，指的就是工作方法的設計，工作流程的推敲，所謂「做最壞的打算，做最好的準備」，指的就是這個部分，我們提出的是：

　　(a)準備周延

　　(b)計劃周詳

　　(c)尋求經驗

　　(d)掌握資訊

　　(e)溝通協調

　　(f)狀況演練

　　(g)借重電腦

　　(h)目標管理

　　(i)重複校核

　　(j)交叉檢驗

　　(k)設計模組

　　(l)提早完成

(五)工作要求

　　聯招工作項目多，內容龐雜，流程又長，於個人或工作組而言，有獨立性的工作，也有重疊性、配合性、前後承接性的關聯性工作，只要某一個組或某一個人在某一個點上有些許失誤，又未經檢核校正，便有可能造成一連串的錯誤，有些失誤的後果，可能無關緊要，有些可能補救容易，有些可能挨罵了事，有些則屬根本無法補救，以致造成無比的傷害。因此，我們勉勵自己在自己個人的工作，個人在工作組的工作，工作組在整個聯招體的工作，無論是對工作的認知、了解、執行，均要嚴加要求，這些要求是：

　　(a)深度

　　(b)廣度

　　(c)精度

　　(d)確度

　　(e)速度

　　(f)簡化

　　(g)創新

　　(h)儉樸

　　(i)精緻

　　(j)記錄

　　(k)交接清楚

⑴緊迫盯人

㈥工作開展

　　工作開展是整個聯招工作具體化的初步，沒有工作的開展，一切理想只是理想，工作原則只是工作原則，工作方法還是工作方法，工作要求也只是工作要求，必也落實到操作性的工作開展，才能使工作順利，底下是工作開展的具體要目：

　　1.成立試務工作委員會

　　2.成立試務工作小組——

　　　⒜秘書組

　　　⒝報名組

　　　⒞命題製卷組

　　　⒟考場組

　　　⒠閱卷組

　　　⒡計算機作業組

　　　⒢榜務組

　　　⒣複查組

　　　⒤維護組

　　　⒥總務組

　　　⒦會計組

　　　⑴研究組

　　3.選聘工作組組長、副組長和工作人員

　　4.成立招生委員會

　　5.邀聘指導委員

　　6.協調南港高工、內湖高工分擔工作組任務

　　7.設計工作流程

8.研擬各項規章

9.擬訂工作進度

10.決定各組工作項目

11.工作人員觀念溝通與講習

12.積極開展工作

結　語

　　總之，本部分說明聯招工作的基本構想，陳述聯招工作運作的基本架構，也交待工作運作的方向，實際上，整個聯招工作，就是依賴全體工作伙伴這樣思想、這樣運作、這樣規劃、執行而來的。至於詳細情形，均分述於各組工作報告中，請參考指教。

變遷中的工職教育

職業教育之任務在於養成經濟成長與發展所需的技術人力，在養成過程中不斷提供學生必需的知識與技術，使之具有基本的工作能力，而能於畢業後投入生產的行列，發揮技職教育的功能，收到教育投資的效益。

工業職業教育是職業教育的一環，為同級中等教育和職業教育中最昂貴，也最具直接生產性的教育投資。因此，工職教育的成敗，對社會經濟發展與國家現代化，具有最深切的影響力，因此，工職教育的投資與運作，不容不加審慎。

我國工職教育，自民國四十年間以單位行業為設科基礎實施教學以來，工職教育的績效，可以從經濟的進步、社會的發展、國民所得的提高、生活素質的改善等等明顯的指標得到有力的證明，昔日持續地耕耘，得到了肯定與回饋。

只是，學校教育的運作，實質上是以昨日所學的知識技能，傳授給今日的學生，讓他們用之於明日的社會，在變遷的步幅愈大、速度愈快的社會，學用間難免會有脫節的現象，我們用以因應的權變措施似應加以考慮。比如：

1. 設科與課程是決定未來行業技術人力層次品質的關鍵因素，為了增加學生對未來行業彈性選擇的機會與能力。設科與課程似愈更具彈性，應更重視基本知識與行業入門技能的傳授，更強調基本設備的完整性、系統性與應用性。

2. 教師的再教育宜更系統化與多樣化，目前，教師進修管道固然有之，

但不夠寬廣順暢與普遍，有待主管當局有計畫地開拓。

3. 目前高中高職總人數中，高職所佔已近七成，此一以技職作為高級中學教育主流的情形，面對科技升級的衝擊，有關高中職學生人數的比率以及高職學生升學進修等晉路問題，有待作通盤考慮。

4. 最後，由於人文科學的對立，科技的專業與分化，科技人才往往缺乏人文素養，忽略人本的問題，造成見樹不見林的偏頗現象，以致於在科技發展上，未能把人擺在正確的位置，造成了許多錯用科技成果，危害人類生活的倒錯現象，因此，工職教育宜乎認真考慮學生德育或情意教育，加強文化陶冶，以培養未來技術人力正確健康的價值觀以及待人處世之道。

5. 此外，培養學生適應變遷的機智與創造思考能力，似乎亦屬變遷社會中，教學上不可忽視的要項，我們應指導學生如何尊重傳統，儲蓄動力，開創新境，使之有足夠的能力與定力，從容地迎接未來的挑戰，俾能從消極的適應變遷，躍昇為積極地掌握契機，而為主導進步的舵手。

美日工職教育考察之感想與建議

民國75年，曾率臺北市工職教育考察團、和當時的南港高工林主任肇達、大安高工許老師惠東、金門農工李校長光明、盧主任兆睦等一行五人，訪問美國華盛頓特區、維吉尼亞州、賓州、伊利諾州，以及日本東京都等共十七個職業學校、社區學院或職業訓練單位，前後五週，行雖匆匆，但獲益良多，爰就參觀訪問所得，提出若干感想與建議，請先進專家指正。

壹、感　　想

此次行程的接排相當的緊湊，馬不停蹄的參觀了不少地方，對美國的地大物博、國勢強盛和美日兩工業先進國家一般國民禮儀、交通秩序的維護和環境衛生的重視，守法精神、講求工作效率和方法，在在令人感觸良多，謹就參觀學校感想敘述如下：

1. 我們參觀的幾所學校當中，發現到美國高中階段的技職教育投資設備並無特殊突出的地方，我們參觀的幾所技職學校均是當地頗具規模的學校，其設備遠不及我國的工職學校。但在專科或大學則不同，水準都很高，有一所院校為因應科技的進步新設科系，把舊科系廢除，整棟樓重新翻蓋，建立一棟新科技大樓。

2. 美日兩國的工科教師指導學生的人數均比我國為少，在美國一位教師所教的學生五～六位，最多不超過十二位。在日本則一、二年級一班分三組教學，三年級分四組教學，每一組人數在十二～十五之

間，遠比我國一班分二組，每組人數在二十位左右差距很大，在教學過程當中教師對學生的照顧周到，不僅每位學生能從教師中學習到良好的技術水準也可以在職業道德、敬業精神方面獲得很好的薰陶。

3. 我們所參觀的每所學校都重視電腦教學，並且捨得花錢在電腦教學上，教學媒體的設計非常新穎，教學設備完善齊全。教室前面有兩三個大型電視螢光幕可清楚的顯示出教師授課內容。電腦教室中每個學生均有一部個人電腦可以使用，該電腦與教師講桌上之電腦連線，教師可以隨時從電腦叫出每個學生的作業進度以便了解學生的作業情形，有無錯誤和偷懶。這是值得我們參考的地方。

4. 學校的實習工場24小時開放，隨時可提供學生實習，圖書館也在午夜12時關閉，如此不但教學設施可充分利用，不致閒置，對一些有興趣或有需要的學生，能有機會自由充分發揮其潛能，只要個人肯努力上進，他便有成就的一天。他們的行政能針對教學的需要毫無保留地支援教學，也值得我們參考借鏡。

5. 學校的設科系彈性很大，完全因應社會的需要，招收不到學生的科系隨時可以停辦，另設新科系。被停辦科系之教師便需轉系或給予一年時間再去進修以便取得另一專長，否則只好另謀出路。

6. 技職學校的課程深具彈性，多以生計教育的理念下設計課程，由於科技快速變化結果，各行業分工細密，從業人員所需的知識和技能越來越廣，學校的課程偏重在較寬廣的入行技能訓練，無法兼顧到專精的專業技能方面。而且產業界的經營方式，生產方式不斷地更新，為適應行業上技術變革，從事的人員必具備某一範疇之技能及基本教育。因此一年級的課程多為共同技能基礎課程，以做為職業試探。對自己最適合何種職業深入了解之後，在高年級裡可選擇某

一種職業，專精學習為未來職業做準備。

7. 美國教育界開設的高科技課程，他們對高科技似乎沒有確切的定義，和明確的範疇，凡有關雷射、光纖通訊、雷達、自動化機械製造、機器人、MIG、TIG熔接技術CNC放電加工線切割機、電腦輔助繪圖機、電腦調色印刷技術等等，有別於傳統的生產方式的技術均屬之。

8. 美日兩國工職教育有相同之處，即都注重於發展電腦，美國在這方面領先於日本，我們所參觀的各校均有電腦中心大樓，實施電腦教學和學校行政工作的電腦作業。有關電腦方面的課程；一為電腦應用課程，一為電腦軟體設計課程，致於配合工業生產自動化方面的課程，則有自動化電腦修護和電腦自動控制等。這是我們極需迎頭趕上的。

9. 目前新科技快速發展，工科教師必須同時具備有新科技和傳統科技的知識與技能。新科技課程的實施初期或有困難，教師必須在職訓練以充實自己或在購置新設備之時，由廠商提供訓練，回校之後便能有課程設計之能力，自行開發設計課程。而美國的工科教師均受過嚴格的甄選和訓練，具備有豐富的專業知識、行業技能和教學經驗，能運用良好的教學方法、各種教學媒體，使教學效率為之提高，工廠實習教學與專業知識的傳授均由一位教師包辦。教師之負擔並不輕鬆。

10. 美國的幅員廣大，區域性的差異也大，其職業教育課程大都強調配合社區發展的需要，多數學校規模較小，其學校大都處於人口較少郊區及鄉村，學生人數較少，設備以通用性、經濟性為主。因此其技職學校之設備遠不及我國。

11. 一般大專院校的校區廣大；有的公路貫穿校區，沒有圍牆，看不出有特別的校區界線。綜合中學和技職學校的情形就不同，門禁森嚴，

學生上下課由校車接送，平時校門關起來，未事先接洽則不得其門而入。

12.種族的歧見仍然存在於美國社會，黑人社區的綜合中學裡見不到白種人的學生。技職學校的學生年齡差距很大。綜合中學裡設有職業科目，其目的在探討學生的性向、興趣、潛能。有關學生的就業輔導方面做得非常的好，利用電腦分析個人的性向、志趣、專長配合求職條件，便可自電腦中列出合適就職的廠商，然後以推荐信函介紹到各廠商，學生很容易找到適才適所的地方就業。

13.各校實習工場的安全與衛生的維護工作都做得很好而且認真。盥洗設備清潔衛生，實習工場的打掃工作均由學生來做。工場的安全維護做得很周到，有關工場安全規定均於課前由教師口頭交待清楚之外，另印製書面由學生及學生家長簽字，一份存學生家長一份留校存檔，責任交待清楚。從事更具危險性之實習者尚需辦理保險、工場四周牆柱上設有警告標語或安全標語以提醒同學們注意安全。學生操作機器均須戴護目鏡，進入工場參觀者亦復如是。這是值得我們借鏡的地方。每個實習工場均備有衣櫃可供學生放置衣物，因為進入工場須換穿工作服與安全皮鞋。

14.預防實習時發生意外傷害有效的基本措施依次為——

⑴清除來自機器、工作方法不當所產生的危險。

⑵在危險來源之處利用封閉或防護以控制危險。

⑶教導學生了解危險之性質並使其遵守安全工作程序，避免意外發生。

⑷要求學生配用個人防護裝具以避免與危險接觸。

15.學生在工場實習時發生意外傷害的主要因素有——

⑴機器設計不良、安全防護裝置欠佳或沒有該項裝置。

⑵平時機器缺乏保養、調整和維護。

⑶學生平時沒有養成安全工作程序的習慣，投機取巧或心存僥倖。

　　──不正確的工作方法或不良習性的動作。

⑷漫不經心，注意力不集中。

⑸未妥善使用個人防護用具和不安全的穿著。

⑹不遵守有關安全規則與應注意事項。

⑺工作場所的環境設施不佳；包括照明欠佳、通風不良、地面不潔、地面隨意放置物品、機器排列位置不當、噪音等等。

⑻學生心理因素所造成的；情緒不穩、疲倦、身體不適、注意力分散。

　　因此各學校對工場環境佈置與設備的採購都非常重視，工場佈置均經過仔細考慮，機器的性能、結構安全性，有無全防護措施等都須經過教育委員會的認定。這一點可以做為我國的參考。

16.美國學校的行政管理講求制度，井然有序而且有效率，單從停車場的管理可見一斑。一般大學院校校園廣大，停車場也很大，均有一套管理制度，停車位置界線分明，學生、教授、來賓或訪客，殘障者等的停車位置標示一清二楚，並有大車（九人座）和小車之分。大家都能規規矩矩的停放，每隔一段時間便有校警駕車巡邏，對於違規者立刻開罰單。

　　訪客到校應先登記取得停車證在指定地點停車才不致受罰。雖然我們覺得很不方便，惟有這樣才能有條不紊。沒有看到過有小車停在大車的停車位上，殘障者停車位空著也不會有人去佔用。他們守法的精神令人敬佩。這可能因為有完整的制度以及周密的管理方法加上執行徹底的原故。大家便習以為常，都這樣做久之就認為理所當然的事了。

17.美日的交通井然有序，不隨意變換車道，交通號誌深具權威性，大家都能遵守，不像我國很多的交通號誌形同虛設，大家視若無睹，見怪不怪了。

18.在日本工業職業學校，設科不完全按單位行業分得那麼專精而比較廣泛；以機械類為例，設有機械科與電子機械科，而機械科的實習課程中包含有鑄造翻砂、汽車引擎。電子機械科則為近兩年新設的科種，是為因應企業界生產自動化而設立的。主要是電子科學與機械的結合。一般說來日本的工業職業學校較類似我國，但是他們的課程實習與實驗並重，課程的變化上能夠配合企業界的進步做彈性的整合，而我國則以單位行業設科，比較專精，著重於實習，課程變化少缺乏彈性。雖然各地的工職學校的設備多為基礎設備，但是在大都會設有技術教育中心，設有電腦課程和高科技方面的設備支援各校教學，一方面可以節省各校不必要的投資，一方面可以集中經費作合理有效的運用，以提升學生的技術領域和提供教師進修研習的場所。

貳、建　議

(一)設科和就讀年限宜富彈性並隨時機動調整

美國職教設科能因應社區需要，保有彈性，隨時調整。以Huntingdon社區學院為例，其畢業生就業率如未達60%的科系，次年即得不到經費支援，非得調整設科不可，以學生就業觀點來看，頗能發揮職業教育的功能。反觀國內職校設科，自民國四十年代，依單位行業制設科以來，歷經數十年，國家經建人力的需求結構變化，堪稱鉅大，卻少見學校設科能迅速反應社會需求，跟隨調整。同時各類科就讀年限

亦可針對各科需求，保留彈性，不必皆以三年為畢業所需期限。

(二)檢討高中高職學生數之比率

　　據了解，日本高中高職學生數之比率為7:3，此一比率，正與目前我國之比率相反，再觀美國，亦不以高中年段為其職業教育之主流，雖然三十餘年來，以技職教育為高級中等教育主流的結果，對我國經濟成長貢獻至大，唯處在科技日益尖端化、勞力密集逐漸轉移為技術密集的趨勢下，國中畢業後的高職階段施予技術之培訓，對將來技術進步後,此一年段學生智能之學習以及未來移轉學習新技能之可能性，似乎可再斟酌。建議縝密研究重新調整此一比率之可能性及必要性，以適應科技發展之需求。

(三)擴大國中畢業生保送高職之名額

　　臺北市訂有國中藝能科優秀畢業生保送公私立高職相關類科就讀的辦法，施行以來，績效可觀，唯名額有限，據東京小金井工業學校表示，日本許多高職提供20%之名額專供保送早即有志就讀高職類科的國中生，此一措施，對有志習技的國中生具有莫大的鼓勵作用。我國似可訂定更為周密可行之保送辦法，推廣辦理，除提供技能教育機會外，對緩和升學壓力或有幫助。

(四)增加高職課程之試探成分，以加強畢業生之就業升學能力，減少終點教育感

　　當前我國單位行業式的高職教育，著重技術養成，學生進路，除就業外雖未阻斷學生升學深造之機會。唯限於課程，學生移轉能力較弱，競爭力太低，常遭致青年之抱怨。反觀美日，高職階段教育仍能著重基礎課程之學習，因為，較能顧及學生進路；畢業生退可守，而進亦可攻，似乎可作借鏡。七十五學年度實施之課程，似乎較能適合此一需求，唯有待於課程實施後，依據試行結果，再加審慎修訂。

㈤加強生計教育與輔導觀念

合適地教育青年有效地安定就業，溝通並結合學校與職業世界，減少青年由於不了解自己和職業所造成的非必要性的職業流動和不滿意相當重要。美國相當重視此種教育與職業發展的完整歷程。我國在職業輔導方面較乏前後一貫性和統整性，各級學校教育同仁，似亟需建立生計輔導的共同觀念，依生計輔導上之過程生計認知、生計試探、生計準備……等階段，各在自己的教育過程崗位上，以學生為中心，實施有計畫的生計教育、提供合適的輔導服務，以協助學生建立完整的生計學習理念。

㈥加強職課活動，提高學生休閒能力與習慣

美國學生狀至活潑，生活內容較為豐富，亦較具獨立性，善於安排自己的生活，我們迎接自動化的來臨，未來的工作時間必然日益縮短、休閒時間則日漸增加。因此，休閒能力和良好的休閒習慣便日益重要，否則如何安排漫長的休閒時刻呢？此一狀況，值得重視，學校宜幫助學生學習更多的休閒技巧、社會技巧、以及對工作價值的認識，才能面對工作日短、閒時日長的生活世界。

㈦加強隸屬感的教育

東方人的團隊精神，尤其是日本人對公司、對組織的絕對效忠精神，被美國人認為是世界一片不景氣聲中，促使日本維持經濟成長，甚至是經濟力強勢入侵他國的主要動力之一，我國學生因能表現若干團隊精神，但表現方式，有待運用教育力量再加發展、統整，使青年學生具有理性的、適法的團體隸屬感，表現出力利均兼的團隊精神來。

㈧加強國中生職業輔導工作

目前我國在工職教育改進計畫有效推行之下，高職在師資、設備、廠房方面，均有鉅大之進步，課程標準亦將修正公布實施。惟對受教

主體——學生則尚無具有測驗意義的甄選辦法，因此宜在國中加強職業輔導，將職業試探由高中下移至國中階段，透過適當的活動或測驗，以便協助學生選擇合適的系職類科就學。目前臺北市高職辦理的國中生職業輔導研習營，運用高職的師資設備，以研習、活動方式，提供國中生深度的職業輔導試探的作法，值得再加改進並擴大辦理。例如加強與國中輔導人員之聯繫，定期邀請他們參觀職教活動措施或拍攝高職學生學習活動的影帶，送交國中播放，皆為簡易可行之道。

㈨**更新職校經營方式，發揮積極主動精神，加強與社區之聯繫**

在美國，學校與社區聯繫相當積極主動，就連設科方面亦多考慮社區社會之需要，我國學校似可經常與社區保持聯繫，積極主動宣導我校特色與優點，尤其對國中國小提供教學支援，對社區人士提供技藝性進修機會，實可發揮高職教育效果。尤其學校圖書館等設施，亦無條件開放社區民眾使用，亦可為借鏡。

㈩**學生收費依據社區別採取彈性標準**

所參觀的幾所美國社區學院之收費，社區內學生與社區外學生皆為不同標準，亦即他社區學生收費較高，據查有些學校根據所修科別課程設備成本之不同，訂定不同的收費標準，此種情形，十分有趣，可作為借鏡參考。

㈢**減少每班人數和分組實習人數**

美國所見，每班學生人數多數為20～30人左右，日本高職每班學生人數較多，但亦在40人左右，實習分組多不超過10人，教師教學負擔較輕，實習效果較好，較能顧及技術能力之培養，合乎能力本位教育的要求，我國似宜增加實習分組，減少分組學生數，以提高實習效果。

㈢**重視勤勞習慣，強調操作體驗之訓練**

　　所見之日本高職，非常強調學生勤勞習慣之養成，也強調操作和實驗。因此，不但容易達成對學生的技能要求，對學生良好的就業德性之培養也大有幫助，反觀我國學生，常有士大夫之思，而有棄藍領就白領的觀念，亟待從各科實習活動中，作有效之導正，以培養勤勞肯幹，具有實作經驗和能力的技術人力。

㈢加強文化陶冶活動

　　各行各業的從業人員，除了行業的智能以外，仍需一般技能如人際關係技巧、情緒控制、服從觀念、守法習慣、傾聽、接受批評、享受生活、設定人生目標、更好的決定技能和解決問題的創造能力……等。從美日學校的教學過程和學生活動內容觀之，對此似乎極為重視，此種兼顧多重技能習慣學習的教育，更值得參考。

㈣合理歸併統整技職教育體系，發揮技職教育功能

　　高職階段的技職教育尚非美日技職教育的主流，以日本為例，其高中高職學校的比例約在7：3左右，美國則更是以普通高中教育為主流，僅讓高中生至社區學院或地區性職業中心選修職業課程，學習技藝。反觀我國，以學生數而言，高職教育成為中等教育的主流，而高職階段又有五年制專科存在，前三年顯然與高職重疊，建議將五專分割為前三後二的教育體制，並容許績優高職及條件合適者增設二專，學生可分段學習、分段畢業，亦可方便一般高職學生獲得升學進路。

㈤開放設備，供學生使用，或供社區民眾進修之用

　　目前我們對高職投資鉅額預算，以臺北市八十七會計年度為例，高職學生之單位成本將近十三萬元，因此，為加強設備之使用，除上課時間之外，應安排可供學生自由運用；使之有自行實驗操作之機會，甚至可開放供社區民眾運用，發揮投資功能，有些美國社區學院甚至二十四小時開放，不但充分使用設備，對學生學習更有幫助。

㈥強調教師研究與進修

美日教師強調在職的研究進修活動，他們嚴守上下班時間，上班時利用課餘時間主動維修儀器，指導學生課餘研究，自己也投入研究工作，甚至於還編寫教材，對實際教學工作幫助很大。國內教師除兼行政工作者外，連導師都常見有課來、無課去的情形，學生有了課業問題，求教無門，也難得見到教師主動研究進修的情形，相形之下，國內教師似乎輕鬆許多。因此，除傳統的教學研究會外，允宜有計畫地集合教師優厚的人力條件，尤其是接受本計畫出國研習考察的教師或行政人員，定期聚會，共同發展研究工作，編寫教材、製作媒體、出版刊物，也可以交換心得，向教育主管當局提供建設性意見，對職業教育的發展將有很大的幫助。

㈦重視職業倫理信念的養成

美日兩國，特別是日本，我們可以嗅到各行業從業人員專業、敬業精神，此種職業倫理的表現，主要來自於各行業堅強的共識所孕育而成的職業倫理，其次則是透過相關課程和教師指導使然。我國高職傳統課程中的公民，未來新課程中的社會科學概論，固然可以造成若干職業倫理的具體要求，更重要的恐怕是像日本那樣，形成一種社會整體意識，再透過此種共識來引導青年學生逐步發展職業倫理的信念，才能收到提升職業倫理層次的效果。

㈥各校發展特色，相互支援教學或成立技術教育中心，支援各校教學

我們參觀東京都立工業技術中心，發現該中心設備精良，極具尖端性，專門支援鄰近各工業高校，實施特別的教學，凡各校基於課程教學之需，而本校師資設備不足因應者，即可安排學生利用一週或二週時間前往集中學習，效果非常良好，如此，各校可以只花較少的經費充實教學上的基本設備，免得各校各自投資發展而有浪費，此一措

施，值得我們參考。除可仿照日本成立技術教育中心外，並可分訂不同點，由各校分別發展，再相互支援教學，可以減少不必要的重複投資，對整體性的教育投資必有助益。

㈨強化教師專業權威與心態，減少科層體制不必要之約束與對行政機關之依賴

行政科層體制與教師專業權威，在運作上常有不平衡不協調的現象。在行政運作上宜保留較寬廣的決定領域，供教師作專業的決定，對教師而言，果應該積極主動地運用專業知能，本教育理念和教育倫理信念，投入和奉獻，減少不應有的觀望和依賴，比如：主動吸取新知，不必完全等待調訓，主動製作各種教學媒體……等等，只有人人能之，職業教育的效果才能大進。

㈩加強與職訓單位、企業界密切合作

以美國普遍地區性職業訓練中心和社區學院以供高中生選修職業課程和技術而言，是可以減少中等教育的投資。如果選擇若干類科，由高職和職訓中心或工業界合作，使職教、職訓和工業界相互合作，不但可以減輕職業教育的投資，改善教學，一方面又能運用職訓單位新穎、尖端的儀器設備，可避免重複投資，又可使培育出來的學生不致與生產工作脫節，似可考慮。

㈢為配合社會需要因應高科技發展，選擇幾所高級工業職業學校設立二年制專科部，以提昇職業水準，培育高科技之工業技術人材，促進工業升級

綜觀美日兩國之工業職業教育為因應高科技的發展需要和工業生產自動化下工業社會人力結構產生重大變化，都在專科部或技術院校開設有關這方面的科系和課程，而高級職校則仍偏重於傳統科技或基礎技能方面的實習。在日本則有工業技術教育中心，可供高職學生做較高層次的技術實習。因為要發展高科技或生產自動化技術須要傳統

科技為基礎，所以按我國社會環境而言，在高職校設置二年制專科部招收工職畢業之學生為最經濟可行的方式。在專科部可以開設下列的課程，機械自動加工軟體設計，電腦輔助製圖，光纖通訊，機器人的設計應用，熔接(TIG、MIG)、金屬特殊加工。

㈢請建立工科教師進修制度，積極辦理工科教師之專業科目研習及技術進修

　　在美日兩國的高職校工科教師均有專業技術方面的在職進修，在美國可到工技學院選修課程或學校購置新產品設備時由廠商提供必要之技術講習，在日本則可到技術教育中心研習。而我國工科教師的專業技術進修尚無去處以補充新知或充實技術。有者必需自己設法透過私人的關係利用暑假到規模較大的廠家見習。

　　工業生產技術的日新月異，如何以因應科技高度的發展，工科教師師資水準的提昇，實為當務之急。

㈢適時機動修訂工職課程標準，增添高科技課程和自動化課程，使工業教育迎頭趕上時代和適應社會需要

　　工業生產技術的不斷改進，機械自動化生產的方式日見普及，整個生產人力結構也在改變之中，技術層次人力的需求和技術能力要求的條件也不同於往昔，因此課程方面極需適度機動調整，一方面增加知識領域的廣度，一方面提昇技術層次，以便能夠配合未來工業生產結構的人力需求。

參、結　語

　　科技不斷進步，社會不息地變遷，教育事業自然必須做機動有效的因應，尤其主導教育活動的教育人員，以過去之所學，指導今日的學生適應未來的生活，更必須有創新的理念，發展為革新的行動才能

使自己的腳步跟上時代的潮流，也唯有如此才能使教育工作更為妥適進步，所謂他山之石可以攻錯，爰提上述管見，以供參酌，尚祈指正。

臺北市辦理國中生職業輔導研習營簡介

壹、前 言

臺北市工商發達、人文薈萃、潛力雄厚，近年來，各項教育活動都有很大的進步，我們覺得在提昇職業教育水準方面，還可以致力的方向很多，乃於七十三學年度寒假開始籌辦國中學生職業輔導研習營，運用高職優良的師資、設備，提供國中學生職業試探，職業輔導的機會，自開辦以來，績效卓著，深獲國中輔導老師和國中同學的歡迎。

本文緣就本市高職辦理國中生職業輔導研習營的動機、目標、基本理念、辦理情形和展望等作一簡略報告，以供參考，並請指教。

貳、辦理動機

國人由於根深蒂固的升學觀念，在求學上形成特殊的價值體系，此一價值體系，反映在升學選校選科上，使得各類學校之聯招，以及同一聯招會下的成員學校間，形成了層級順序的現象，選讀高職的學生中，就輔導的觀點而言，很容易發現聯招後的失落與挫折，此一自我觀念的偏失，造成了輔導上的困難，也使高職學生顯現出偏高的異動率，較多的不適應行為，學習情緒較為低落，學習績效不夠理想等

現象。固然，經由大家的努力，獲得了相當的成效，但是，前述現象的存在，會使整個教育績效打了折扣，自非教育之福，尤其，就整個高中高職教育而言，高職學生數已超過百分之七十，此一教育力量和績效的流失，累而積之，當屬驚人，再者，以本市而言，由於市府的重視，市議會的支持，以及教育同仁的努力，在職業教育方面的投資比重相當龐大，以職校每生單位成本而言，近幾年度均超過四美元，尤其，在工職教育改進計畫之下，我們加強師資之羅致、培訓，選送教師赴國外進修、研習考察，每年編列龐大經費充實設備，因應時代需求的新課程標準，亦已實施，因此，教育四大要素中，師資、設備、課程已獲改善，其第四要素——受教的學生之素質，則缺乏有效的措施來作有效的甄別。

影響學生素質的因素自然很多，不過，如果能幫助國中生早日進行職業試探，使他們在畢業前能發現自己的興趣、性向，而於選擇報考高中、高職時，能夠根據自己的性向、興趣選擇合適的職業類科，相對的，學校也能選獲最適合在職校受教育的學生，配合前述的師資、設備、課程之改良，則必能提昇職業教育的品質。

基於前述諸項考慮，臺北市便積極籌辦國中生職業輔導研習營。

參、目 標

1. 協助國民中學辦理深度、有效具有臨場感的職業試探與輔導，使學生了解工作世界職業類科的性質，引發並找尋自己的興趣來。
2. 設計和國民中學完全不同的學習模式，提供學生假期中「類似休閒活動」的學習，以收寓輔導於活動，寓試探於實作的效果。
3. 提供國中、高職間師生交流溝通的機會，間接有助於國中教師返校

後實施職業輔導工作。

4.協助國中學生自然、合理的分化，使高中、高職較有可能分別選獲
　合適的學生，提高高中、高職的教育績效。

肆、基本理念

本項研習活動，係基於生計輔導、延長職教、先期試探等三大理
念，茲分述如下：

(一)生計輔導

溯自五十年代以來，職業輔導學者，提出了「發展」的理念，逐
漸以「生計輔導」來替代「職業輔導」的說法，並強調生計輔導中生
計認知、生計試探、生計準備、就業安置及延續輔導的連續過程（楊
朝祥，民73）。根據Joel Magisos的看法，國中生正值生計試探的階段，
應該使學生透過各種容易的、可觀察、可操作的學習情境，特別是可
模擬的系統，作有計畫的試探材料、工具、程序和人際關係，才能使
自己對未來的職業生計發展出更為清晰明確的目標（許智偉，民71）。

此外，美國國家教育部所倡生計教育最主要的學校本位的生計教
育中，也認為應該激發國中學生去嘗試2～3個或更多的職業群集。

因此，由高職提供必要的師資、場地和設備，以研習營的方式，
為國中學生辦理職業輔導，是一種有系統地幫助學生試探自己的職業
性向，為自己未來職業發展途徑預作舖路的良好方法。

(二)延長職教

過去，為教育發展之需要，傳授青年職業知能，並加強職業道德、
文化陶冶，以培養優秀基層技術人力和現代化之健全國民，對國中畢
業後已就業或未升學未滿十八歲的青年，曾試辦延長以職業教育為主

的國民教育。以臺北市來說，每年國中畢業生約在四萬四千人左右，而每年高一新生，包括高中高職日夜補校等在內（不包括五專），可容納一千一百餘班，約五萬五千人左右，除吸收來自臺灣省國中畢業生之外，尚有若干餘額未能招生。未升學者主要係選擇學校使然，向上延長，學生來源不足，因此，我們考慮增辦「向下延長」的職教，提供國中生類似研習營，有職業陶冶、技能學習之實，而無職業教育形式的學習活動，對早就下定決心，志在學習一技之長早日投入工作世界的國中生，是一項有意義的活動，因為經過此種試探性活動，可以節省許多不必要的摸索，於升學高中高職時，有助於類科的選擇。

(三)先期試探

辦理是項研習的首要功能，即在於學生生計發展進程中，適期提供職業類科的真實學習情況或未來職業世界的模擬系統，讓學生獲得先期、深入的試探，在試探過程中，找尋符合自己興趣的類科來，對畢業後立即升讀高職的學生，固然可以協助他們選擇學校和類科，就是準備考高中的同學，也會有同樣的幫助，因為，高中畢業後，升讀大學時，同樣會有科系選擇問題呢！

伍、籌辦情形

台北市教育局七十三學年度開學後，先就運用高職師資設備辦理職業輔導研習營的觀念，擬訂實施要點草案，再邀集有關人員研商修訂，提報局務會議審議通過，首次於七十三學年度寒假於大安高工、松山工農、南港高工、士林高商、松山高商等校辦理一～三天不等日數之研習。承辦各校此類群為基礎規劃研習課程，由各國中依據學生需要，參酌交通條件自由選校報名，研習時，各國中指派教師隨營共

同輔導，學生則以分站實際操作演練為主，類群介紹為輔，研習結束，學生反應良好，效果相當顯著，以後連續於七十三年暑假，七十四年寒暑假，七十五年寒假（新成立之內湖高工亦加入辦理行列）辦理。報名人數越來越多，參加同學亦由三年級延伸至二年級一年級，使他們有機會於不同的假期，參加不同的類群，我們也希望來參加的同學是所有的同學，而不僅是部分的同學，如此才能真正發揮職業輔導研習營的效果。

　　辦理以來，參加的同學人數益增，足見此種研習受到學生的重視和肯定。

　　每次研習活動結束，均加檢討，並曾製作問卷了解辦理的成效，茲簡述如下：

1. 國中輔導教師認為這是一種最具實際試探效果，最具模擬作用的職業輔導。由於國中課程設計和師資專長之限制，國中的職業輔導工作，僅能由對類科和行業具有粗略認識的同仁，透過圖片、錄影帶某一些簡介性的資料，實施簡要介紹而已，隔閡很大，不易收到效果。由高職來辦理，即可彌補此種不足。尤其，國中同學可以重複參加不同學校主辦的不同類群，能真正收到試探的效果，對協助學生興趣的分化和升學時類科的選擇有極大神益。

2. 參加學生認為，研習活動時間雖僅一～三天，但他們有較充分的機會了解到該一類科的梗概，體會一下工作世界的滋味，甚至於了解未來進路、展望時，尤其實際操作和演練，極具臨場的輔導效果，對自己興趣之尋找，覺得幫助極大，比如對綜商科、汽車科、板金科、鑄造科的了解，都一下子從模糊中變得清晰起來。

3. 各國中都指派領隊教師，許多老師隨同學逐站活動，由於國中教師大多缺少職業類科方面的背景，平日在校實施職業輔導每感困難，

此次，高職提供這種研習機會，使他們也有機會獲得各職業類科學習的內容，咸認對今後職業輔導工作大有幫助。

陸、結語和展望

任何人不管經歷何種學習管道，終了皆須經由就業市場，進入工作世界，依照生計教育的觀點，在適當的時期，接受適當的職業薰陶，是有必要的，我們自運用高職的師資設備提供國中學生職業輔導和試探以來，僅有三年，到底能發揮多少的輔導、試探功能，一時自難評估。不過，教育是百年大計，不是立竿見影的工作，從老師、同學的學習過程，活動後的反應，使我們對辦理此一活動深具信心，也益發肯定活動的價值，由於各高職除本務教學活動之外的容納量究屬有限，除原來利用寒暑假辦理以外，學期中間的星期假日或許可加運用，多一分耕耘多一分收穫。相信，持續的努力，會帶來相當的績效。

實施新課程標準應有的認識

壹、前　言

74年9月開始，76年12月為止，費時兩年有餘，修訂而成的商職課程標準，業經教育部於76年12月31日以臺(76)技字第63171號函通知省市，自七十七學年度開始實施，從此，62年公布的課程標準，自將逐年停止使用，而使我國商業職業教育邁入新紀元，這是職業教育界的盛事，作者興奮之餘，禁不住有話要說，茲試就課程的基本概念，新課程之修訂以及認識新課程的幾個途徑，提出些許管見，聊表野人獻曝之意，並就教於方家先進。

貳、課程的基本概念

學校教學最先要考慮的是教什麼，如何把該教的知能加以系統化，以收到教學效果的問題，這是課程設計涉及的領域，一般說來，「課程反映了全體社會、課程設計者以及學校教師的信念和價值體系」(歐用生，民70)，在職業學校中，以課程為媒介，經過教師的有效運作，一方面提供學生多重、專精、分化的知識技能，以適應專家導向，效率為先的行業需求，一方面傳輸社會共有的價值觀念和行為規範，以維持社會的穩定，加注社會的生機與活力，並促進國家的進步。因此，課程所包含的概念，不僅僅是科目的總和，也不僅僅是課程標準或教

材大綱或教科書而已（黃政傑，民74），課程所要涵蓋的除了上述的內容以外，恐怕尚須包含學校所有的實施計畫和學生在學校指導下，所有的一切學習經驗（黃炳煌，民71）。因此，課程的內涵絕不以課程標準或學科為已足，課程的定義怕有四十餘種以上（張思全，民57），黃政傑（民74）教授將之歸納為①學科或學科內容②學生在學校指導下所有的經驗③一組吾人所欲達成的目標④或學生學習機會的計畫。並指出單採其一皆難無偏失，如能兼而採行，庶幾可不失完整課程之精義也（黃政傑，民74）。了解課程的基本概念，對商科新課程標準精神之把握，內容之了解和運作，才不致偏失也！

參、課程標準之修訂

　　課程之內容反映了當前和未來社會的需要，前已述及，我國於民國62年所公佈的商科課程標準，實施後，其間社會變遷實不可以道理計，而課程理論基礎，包括社會的、心理的和哲學的研究，以及課程發展的模式，已更為圓熟，對我國商科課程標準之修訂，提供了良好的基礎，有助於理想課程標準的發展。茲將商科課程修訂情形簡述如下：

1.參與修訂人員網羅各階層各領域的代表──商科課程標準的修訂委託國立臺灣教育學院商業教育系負責，修訂時，邀請課程專家、學科專家、科學教育專家、職業教育專家、教育行政人員、商業行政人員，以及校長、主任、教師、企業界、學生家長代表共同參與，尤其，專業科目教學大綱和設備標準，約九成左右由高職教師擔任起草工作，兼顧了課程改革由上而下或由下而上的模式，使課程標準具有理論性、實用性、普及性、代表性和草根性。

2.修訂過程中分段分組工作，表現了科學分工和力求專精的精神——
　為使課程修訂落實，成立了課程修訂委員會，課程研究設計小組、
　課程總綱起草小組、課程教學綱要及設備標準起草小組、課程標準
　審查小組分別工作，再經綜合統整修訂後，循行政體系核定公布，
　其過程審慎精密，充分表現分工合作和力求專精的精神。

3.修訂態度極為嚴謹——各項修訂內容，均經各小組成員多次研商，
　反覆思考，仔細推敲，字字斟酌，參與人員均盡心盡力。

4.修訂時間，長達兩年有餘，各種理念均得以長期醞釀，充分構思，
　反覆檢討。

5.課程修訂的基本要求——各科課程，除基本知識，實用技能外，注
　重學生人格修養、文化陶冶、服務精神、職業道德，以及適應變遷、
　創造和自我發展能力之培養，以培養健全的商業基層從業人員。

　　在課程設計上採先廣後專的方式，依基礎課程、專業課程、實用
課程三個階段，循序以進，以奠定學生學習基礎，並厚植其再學習的
能力。在課程結構上，則分一般科目、專業必修科目（含專業基礎科
目、專業科目）、選修科目和共同活動等部分，其架構十分清楚，有助
於教學方向的把握和釐定。

　　此外，各科均擬定了明確的教學目標，強調基層人才之培養，教
學上以實際操作之基層技術為主，縮短了學用間的差距，使畢業生能
迅速進入就業市場，尤其加重了通識課程（如社會科學概論、自然科
學概論）和語文教學（如開設第二外國語），提高學生溝通和適應變遷
的能力，都是值得重視的。

　　當然，新課程的內涵至廣，難能一一道盡，作者擬提供幾個思考
途徑，作為認識新課程標準的參考。

肆、認識新課程的幾個途徑

(一)充分了解新課程標準

　　一部課程標準，內容豐富，包羅至多，參閱有關人士的介紹，固然有助於吾人對它的了解，但是，將課程標準做有系統的探討，對課程標準的了解將更有助益，因此，教育行政當局的統一規劃，固責無旁貸，各校的配合措施，教師自身的努力，都是課程標準實施成功的關鍵因素，為了尋求完整的了解，建議就：

1. 學習者心理特質、學習特質。
2. 商業界行業需求、行業生活內涵。
3. 課程的完整概念。
4. 商科課程標準的精神、內涵，包括商業職業教育目標，各科教育目標，各單一教學科目的教學目標、教材大綱、實施方法或教學注意要項，以及整個課程設計、課程結構、科目時數配當、課程實施通則，特別是有關教學方法、輔導活動、教學評量等，透過研究、研討的方式，各校以能充分討論的人數、分科或分組研討，使大家對新課程標準能有充分了解，俾縮短或消除課程運作和課程設計間的差距，充分發揮課程原設計的功能。

(二)精確把握課程標準的精神

1. 培養商業基層人才——課程總目標提示：商業職業學校以培養健全之商業基層人才為目標，在商業經營、會計事務、國際貿易、資料處理、廣告設計、觀光事務、餐飲服務和文書事務各科中，亦分別提示以培養企業經營、會計事務、國際貿易、資訊處理、廣告事務、觀光事務、餐飲服務和文書事務基層人員為目標，因此，教師在教

學上要把握的是以實際操作之實務為主，以相關知識為輔的教學，要培養的是各該領域的基層人才，不是高層的專家，該傳授的是課程中教學大綱指引下的入行基礎，不是高深的行業知能，正確的訂定學科單元的終點行為，透過教學引導學生邁向終點行為，才不會教學太深太多而造成師生雙方莫大的挫折，甚至於導致學生不願踏入該一領域的憾事。

2.培養學生學習興趣──一般正常教學之下，學生能夠學習到多少課程內容，固然和教學過程具有密切關係，但是，關鍵卻在於學生自己用了多少學習心思，表現了多少學習行為，所謂師傅領進門，修行在個人，正是這種情形，因此，在相同教室中學習的兩個學生，一個聚精會神，傾聽老師講解，加以思考、吸收，另一個卻沉思於週末的舞會，大做白日夢，這兩個學生儘管處在相同的時段，卻歷經不同的學習經驗，獲得不同的學習效果，因此，教學之首要在如何引發學生學習興趣，將學生導入學習活動中，而不急於培養專家，更不宜介紹堆棧式的商學知識。

3.培養學生適應變遷和創造發展的能力──我們面對的是一個急遽變遷的時代，也是一個知識爆炸的時代，知識技能的「半衰期」可能日短，今天正確的知識，明天可能已經過時，更何況教師常以昨日之所學，教給今日之學生，讓他們明日使用，因此，為長遠計，我們應該教給學生適應變遷和創造的方法，以因應未來生活的需要。

4.培養職業道德──有道德始有國家，有道德始成世界，培養學生的職業道德是職業教育的首要目標，我們目睹社會之變遷，世態之演變，職業教育將此列為首要目標是有道理的，因為，人類所有的努力，無非在使人類生活得更是美滿更有意義，而道德規範正是在經濟世界裡，使人類生活得更好的保證。

5.培養專業的通才——由於科技的專業與分化，技職人才往往缺乏人文素養，忽略人本的問題，造成見樹不見林的偏頗現象，以致於未能把人擺在正確的位置，而危害人類的生活（李錫津，民76），因此，商職教育宜乎特別考慮學生的文化陶冶，培養正確的價值觀念，因此，一般科目中，除擴充原有的公民為社會科學概論外，並加列了自然科學概論、音樂美術等，這一點是課程總目標所強調的，也是有待教育同仁全力把握的。

6.注意潛在課程的影響力——廣義的課程，包含學生學習生活的全部因素，除了有計畫的各種學科以外，更包含了學校的規章制度，花草樹木，教師的言行舉止，職員工友的參與情形、校園、班級的氣氛……等等，可謂不一而足，這些均能影響學生的學習行為和學習成果，真正的課程，除必須把握的有形課程以外，必須考慮到影響可能更為深遠，卻又比學科課程不易掌握，同樣值得注意的潛在課程，才不致使形式的課程打了折扣，而使課程設計發揮應有的功能。

(三)善用課程決定的空間 （黃政傑，民74）

在課程決定上，教師擁有相當的決定權，尤其，職業學校各科課程分化的程度遠在其他中小學課程之上，再者，從課程定義，課程決定分析上可以發現，沒有那一類人擁有課程決定權的全部，實際上，每一位任課教師都擁有相當的決定權，當然也分擔了課程決定的部分責任，尤其，教師實際負責課程的運作，可以說是課程計畫的最後決定者，因此，更須善加運用以減小課程設計和課程實際運作教學間可能造成的觀念上或實質上的差距。因此，教師實際擁有的課程決定空間，允宜審慎妥善地運用。

(四)教師運作課程是課程發揮功能的開始

課程修訂完成、公布，並非課程改革的完成，此從課程定義的分

析可以充分了解，事實上，課程應該表現在學生知識、行為、態度、技能、方法等方面持久性的改變上，這些都必須透過教師的有效教學始克達成，因此，課程標準的公布，實在只是課程改革或修訂工作的初步，改革是否成功，幾乎完全仰賴教學者對課程、課程標準及其內涵的認識，了解是否確切，詮釋是否得當，以及執行運作有無決心了。因此，課程標準的公布，正是全體商教同仁承擔責任的開始，在迎接新課程標準，歡欣之餘，只宜更加努力體會課程，努力教學。

伍、結　　語

總之，課程應包含學生學習生活的全部，課程的公布更只是課程改革的開始，接下來的任務，就落在直接詮釋課程，操作課程的教師身上，我們要確切把握新課程的精神，將課程標準中有關教育目標，課程設計的要旨，課程、科目的結構、教學大綱、教學方法、評量原則等加以細讀，並實際應用於教學之上，同時，宜慎重選擇並處理教材，善用教法，適切有效地運作和詮釋，俾能真正顯現課程修訂的意義，收到課程改革的效果。

技職教育的人文導向

壹、前　　言

　　由於主智主義教育的抬頭，加速了科技的進步，也帶動了社會的快速變遷，造成行業的分化，使人類社會生活內容轉趨複雜，經濟活動之分工日益普遍和深入，人際間認知領域和生活範圍相互重疊的部分逐漸縮小，相互了解掌握的空間也越發有限，因此，人們彼此的接觸儘管頻繁，我們卻發現人身的距離越近，人心的距離似乎越遠，物質生活空間越豐富，精神生活領域越貧瘠，此種非人性化、非社會化的現象造成人我心理的距離和關係的冷漠，長此以往，終將導致人類價值的混淆與錯亂，輕則個人心理失衡，引發社會局部失序，重則造成整體的混亂與不安，實非人類投注心力研究科學、發展科技的目的。

　　以美國而言，為針對六十年代主智教育的熱流，七十年代以後，人文主義教育思潮崛起茁壯，至今方興未艾，俾以扭轉主智主義所帶來的時弊。就實際而言，教育固然可以造成時勢，而時勢何嘗不能引導教育，因此，社會多元化以後，教育的目標與導向，常需因應社會發展的需求而機動調整，技職教育自無例外，或許技職教育可有、應有的導向很多，人文導向則是最為重要的項目之一，此種呼聲與需求，從近年職校課程改革和民國76年第六次全國教育會議技術職業教育組綜合結論，加強實施人文精神為主的技職教育，重視職業道德，企業倫理，服務觀念與專業精神，可見其端倪。

貳、技職教育人文導向的必要性

　　羅素曾經指出，現代文明的危機是科學技術進步所造成的文化失調、道德淪喪和信仰空虛使然，羅素雖然堅信科學的價值，卻指出科學能處理手段，卻不能處理目的，因為處理目的必須依賴感受，此種說法，分明宣示人文導向的重要，而技職教育皆在培養典型科技人才，直接操作運用科學技術，亟需擁有處理「目的」的素養，因此，在科學技術界的過程中，必須附加人文導向，培養人文素養，俾能了解、肯定人的價值，進而使其知道如何擺正人在宇宙中的地位，才不致錯用科技，反為人類帶來禍害。

　　再者，西元1959年劍橋基督學院施諾爵士(C. P. Snow)指出：學術文化形成了兩個壁壘森嚴的世界，一個是人文的，一個是科學的，這種分裂與對立，使西方人失去了一個共同的整體文化觀，艾雪培(E. Ashby)針對此種缺失，提示了以技術來融合人文和科學分類的構想，他認為技術的目的在於將科學研究的成果適用到人與社會的需要上去，不但必須考慮到人的問題，而且應該把人的因素放在中心位置，不像科學只為了解而了解而已，可見技術與人文主義不能分開，技術與人及社會是息息相關的，技術的本質深具人性，是科學與文化間最有力的媒介。因此，科技人員實在負有一種融合科學和文化兩大壁壘的神聖使命，在實際運用時優先考慮到人本、人性的問題，善用科技、發揮技術的正面功能。因此，科技人員應具備人文的素養，其理自明矣！準此，培養科技人員的技職教育，自然以能包容人文的導向為適宜了。

參、人文素養的意義和內涵

人文素養是一種人生價值觀，是一種生活態度，也是一種生活的指南針，用以使人分清生活的方向，知道如何生活，如何取捨，如何發揮生活的價值，有了良好的人文素養，可以使人對生活充滿了信心和熱望，能關懷自然，信任他人，有人文素養的人，具有包容的心胸，廣博的視野，縝密的思考，統整的理解，能作合理的決定和選擇，能成為一個有識見，明事理辨是非，識大體的人。如此，方能懂得如何做人，如何增進個體與週遭世界的和諧關係，使一個人覺得生活在這世界，有一種親切感、歸屬感、落實感和目標感，也才不致任意追求風向而迷失方向。

肆、人文導向的教育內容

然則，人文導向的教育究竟是什麼樣的教育，本節擬分基本概念、教育本質、教育目的、教育理念、課程設計、訓輔原理等項目作簡扼說明。

1.基本概念

人文主義的教育主張教育應以人為本，認為教人先於教書，重視文雅教育(liberal education)和價值教學，教育上強調指導學生如何思考、體驗、感受，如何慎思、明辨、篤行，同時，也主張對勞力勞心者應等值觀之，以均衡勞力勞心者的人文價值。因此，在教育上具有人本的、人性的基本概念。

2.教育本質

教育的本質在於引導受教者形成合宜的價值體系和人格的中心思想，因此，注重統整人格的養成，不是片段知識技能的灌輸訓練，不但把人當人看，更要運用完全的教學歷程教好一個人，使他更像一個人，更能樹立做人的尊嚴，表現出做人的價值，因此，教育的本質就是導人向善，引人作善，並使之成為完整的人。

3.教育目的

人文導向的教育目的，在協助受教者完成人的價值，發展人的特質，從而促進人的自我實現，發揮生命的光輝和價值，更肯定人格陶冶比知識技能的傳授更重要。因此，人文主義導向的教育目的，具有廣泛的周延性，它要顧及知識技能，更要考慮到情意以及知識獲得的歷程和創造思考方法等領域，具有完整的、周延的教育目的。

4.教育理念

人文導向的技職教育，注重因材施教，尤其多採啟發和創造性探索的方法，倡導自發性的學習行為，多鼓勵、少責罵、多引導、不替代，側重學生創造思考、經驗學習、情感陶冶、感性訓練等活動，使學生具備奮發向上，獨立學習和正確判斷的能力。

5.課程設計

在人文導向信息的引導下，課程設計上除必要的專業課程外，並強調價值學科的教學，重視潛在課程對學生的影響力，注重生活責任、社會責任的養成，亦即兼容並包，主張廣義的課程觀、注重有形的課程和無形的環境氣氛，希望透過專業科目的情意教學和國文、社會科學概論……等價值學科的有效教學，發揮課程設計的功能。

6.訓輔原理

訓輔工作發展的極至在於教「人」，因此，主張輔導學生應本「自覺」「自制」「自治」「自強」和「自足」等原則，關愛而不溺愛，寬容

而不縱容，支持而不替代，尊重而不迎合，引導學生自重自愛、自動
自發的情操，並能使之不斷地奮進與成長。

伍、人文導向的教育策略

瞭解了人文主義教育思潮的源起，明白了技職教育注入人文導向
的必需性，也知悉了人文素養的意義和內涵，今後為使科技人員在教
育養成過程中，能有機會及早開始涵育應有的人文素養，筆者僅提出
六項淺見，請先進同仁參考指教。

1.加強價值學科的教學

技職課程可約略分為一般科目、專業基礎科目與專業科目三大領
域，其中一般科目包括國文、英文、三民主義、社會科學概論、音樂、
美術……等科目，屬於人文學科或價值學科，因此，學生本即有接受
人文陶冶的機會。唯，技職教育既以研習致用之學為主，價值學科常
未受到應有重視，時數、分量較低，甚或淪為副科的形式地位，未能
發揮應有的科目功能，今後宜加強價值教學，包括一般科目以及專業
科目的情意領域等等，除建立積極性的觀念以外，宜乎加重其課程分
量，精心設計課程內涵，有效進行教學活動，提供教師進修觀摩機會
等，從根做起，厚植技職教育的人文教學，以引導學子正確的方向。

2.改進校園的文化設計

就教育的管道而言，言教、身教、境教乃學子受教的三大源泉，
校園有其獨特的氣氛，具有教化的功能，是境教學生的重要場所，荀
子所謂「蓬生麻中，不扶自直」生動地宣示了境教的功能，如根據型
式追隨功能的校園規則原則，為製造合適的校園文化，形成有利的校
園氣氛，收到校園人文陶冶的效用，校園景觀、校舍配置、建物內外

景觀、造型、顏色，乃至於花草樹木的種類、型態、文化走廊的設計佈置……等等均應作積極性的運用，使之具有人文的內涵與功能，讓學生在更具人文化、人性化的校園中接受教育。如此，以整體的校園人文氣氛帶動熱絡活潑的學生人文活動，再加上具有人文導向的學科系統教學，學生人文素養的培養應可收到相當的成效。

3. 重視並有效運用潛在課程的影響力

在學生學習過程中，除受傳統有形的科目或設計活動的影響以外，還受到許多潛藏因素的作用，如前述的校園文化設計，以及學校加諸於學生的典章制度，師生關係，同儕關係，乃至於教職員的言行舉止……等，對學生產生一定程度的暗示和影響作用，這些傳統課程以外，對學生學習產生實質影響的部分，可以統稱之為潛在課程，對學生情意與人格的塑鑄，尤其具有深邃的作用力，在技職教育上，為發揮教育的完整功能，宜乎妥為掌握運用，以發揮潛移默化的功能。

4. 積極運用聯課活動，發揮活動的引導功能

「寓教於樂」「寓教育於活動」是有效用，有價值的教育方法，蓋青年學生熱愛活動、參與活動，在活動中每易表現學生的本性，也容易在活動中接受潛藏的價值觀念，尤其聯課活動的內涵與實施方式，比制式課程更具彈性，更容易依陶冶的需要作更佳的設計，因此，學校在規劃活動時，如能設定具有人文導向的活動目的，並予精心設計，使之成為具感性、人性的活動，學生在活動中可以作廣泛的學習和體會，可以知道如何善盡成員的社會責任，如何關心團體，在面對抉擇時，知道如何取捨，更能體會生活的意義和生命的價值，而發揮人類生命的力量。

5. 改進導師責任制，發揮導師教化功能

導師則是一個絕佳的教育方式。導師和學生相處的時間多，最有

機會關愛學生，其與學生相互間的了解，遠比其他教師要深入，因此，導師常常是學生模仿認同的對象，是學生學習歷程上的「重要他人」(significant others)，導師具有良好的人文素養，除能提供學生豐富的人文指導外，更能以身作則，發揮身教的功能，誘使學生朝向人性化的目標邁進，因此，慎選導師，提高導師待遇，減少班級學生人數，減輕導師負擔，授予導師榮譽，提供進修機會，使導師更有意願和機會建立師生間、同儕間的有效互動，學生自然會逐步孕育人文的內涵。

6.充實專業課程的情意內涵為人文內涵，並加強此一部分的教學

　　課程是校園中文化、知能傳承最好的媒介，教師、學生、課程間的互動、匯融成教學的結果，同時也決定了教學的品質，惟專業課程每多缺乏情意內容，因此，今後在教材編輯，課堂講授或實習參觀時，特別將此一部分精心嵌入，使學生經過學習活動後除習得科技知識、技能之外，更能學習適當的情意內涵，知曉求知的歷程和創造思考的方法，得到完整的學習，而能形成完全的人格。

　　實質上，績效是人做出來的，再好的策略，都須經由執行者誠心有效的運作始能發揮功能，執行者的理念、素養與作為，就是執行成效的重要因素，因此，師資培育機構首先必須加強人文教學、培養具有人文素養的教育人員，分發擔任教職，至於現職人員，宜由教育行政單位透過在職進修的管道，運用有效的途徑、積極的作為，使之儘速具備應有的人文素養並應用於教學，以適應人文導向教學的需要。

陸、結　語

　　總之，處在知識爆炸，社會快速變遷的時代，由於人文科學的分立，加上科技的專精與分化，使得科技人員在養成過程中缺乏充分的

機會接受人文陶冶，因此，在科學研究、科技發展時，容易忽略應該優先考慮到人本的問題，往往只為了瞭解而研究，或研究時未優先考慮人的因素，此種情形，可能導致研究方向的偏差，引發人類未來生活的危機，因此，培養科技人才的技職教育，允宜加注人文教學的內涵，其理至明。再者，根據艾雪培的觀點，善用技術具有縮短科學、人文距離的效用，因此，運作技術的科技人才如能具備深厚的人文素養，則應透過技術的操作，轉化科學研究的成果，為人類效勞服務等，必定能做最具人性的考慮，一切以人的禍福、人的尊嚴和價值為依歸，做出關愛人類、造福人世的抉擇與行動來，此當為具有人文導向的技職教育的預期目標也！

強化職校輔導功能

　　學校有系統地推展輔導工作，在我國已有三十餘年的歷史，目前，職校教師在師範教育養成過程中，或在職進修時，大都研習過有關輔導的原理原則和策略，在服務學校裡，也都參與不同層次的輔導工作。輔導活動已經是教師同仁所熟悉的校園活動，只是輔導工作易知難行，隱藏性的績效很多，具體的表現，尚非十分顯著，其原因或多，但與部分教師未能認清角色，忽略了輔導工作的重要；或未能掌握輔導對象，流失了良好的輔導契機；或未能確定適當的輔導目標，致在工作堆中打滾，徒然耗費人力；或缺乏有效方法，致未能和輔導對象普遍建立輔導關係，獲致良好的輔導成果等有關。如果，職校教師同仁在輔導工作上能認清角色，掌握對象，確立目標，善用方法，發揮整體力量，全力以赴，必然可以再提高輔導績效，改善學生的學習品質。底下擬分項簡述，以就教於先進同仁。

(一)認清角色

　　認清自己的角色，是發揮角色功能的先決條件。

　　教師確認自己在輔導工作中的角色定位,有助於發揮輔導的功能。設若師有經師、人師和經師人師兼具的良師，那一種教師最能發揮教師的輔導功能。

　　韓愈師說，師者，所以傳道、授業、解惑也，解惑當係解除疑惑，指點迷津之謂，和當今輔導三大領域中的生活輔導領域相當接近。此種在生活上的解惑指迷，常係透過師生的溝通互動或教師人格的感召來進行，對學生人格人性之發展、價值體系之建立、生活方向之把握、

生活內涵之充實等所造成的影響遠大於教育輔導和職業輔導，因此，解惑或生活輔導，實在深具人師的功能。

唯當今之世，知識爆炸，經師僅是為師的起碼條件，我們面對知識領域紛歧，價值益趨多元的世界，吾人更需建立主導個人生活方向的人文價值觀，方不致迷失生活方向，因此，做人師應是必要的要求，教師宜以身兼經師、人師的良師來自我期許，建立專業聲望，人人做一個有效能的教師，去分發揮輔導功能。

㈡掌握對象

掌握工作對象，是有效輔導的第二步。

教師面對的雖然是全體學生，但是，在輔導時，卻又容易把範圍侷限於少數行為偏失的學生身上，以致輔導教師在學生心目中容易造成刻板印象，以為和輔導老師接觸的都是問題學生，此種錯覺，容易使需要輔導，有意尋求輔導的學生裹足不前，減少了輔導教師可能的接觸面，使輔導績效打了折扣，十分可惜。因此，在輔導上，對於亟需規範引導，具有偏失行為的學生，固然應及時予以援手，對於更大多數的正常學生，乃至特殊性向學生，亦應列為輔導對象，因此，全體教師都應該分擔輔導工作，分別掌握若干輔導對象，每一位老師都能成為學生的良師益友，使之樂於接近，主動求教，輔導工作才能落實紮根，如此，輔導的功能才會是無可限量的。

㈢確立目標

確立輔導目標是獲致輔導功能的保證。

有了輔導對象，就應該針對不同對象，確定具有個別化意義的輔導目標。學校的教學活動，除了教育宗旨，各級學校的教育目標，課程標準以外，還可以根據學校的需要，學生所在社區的特色，訂定學校的輔導目標，教師在實際輔導時，更可以根據班級特色，同儕互動

關係，乃至於學生個別間，個別內的差異，擬訂不同的輔導目標，分別輔導學生。尤其要注意的是，要重視設定積極性的目標，不宜只做消極的約束和規定，告訴他們不可以怎麼樣，卻沒有為他們樹立可資遵循的價值觀念和行為規範。有了明確的、積極性的輔導目標據以執行，輔導工作較容易獲致具體的功能。

再者，應該設定預防性的輔導目標，如果，我們總在學生有了偏差行為，甚至於行為惡化以後，才追著問題行為作治療性補救性的輔導，不但費時費力，且收效不宏，因此，未若走在問題前面，以預防著手，使問題消失於無形。

(四)善用方法

凡事善用方法，可以省時省力而收事半功倍之效。

首先，輔導工作的實施，貴在教師的主動投入，老師如果只是上課來下課去，或靜坐辦公室，而不給學生接近的機會，不主動投入輔導的活動，不主動進入學生的生活領域，則自無以發現學生的需求，也就產生不了輔導的成果了。

其次，要掌握學生動態，輔導的對象很多，除了普及性的團體輔導以外，應該迅速確實地掌握學生的動態，以及運用輔導上的敏覺能力。才能及時或及早發現需要輔導的對象及其需要輔導的項目，而立刻予以輔導。因此，「輔導細胞」的佈建，用以了解學生的狀況；隨時隨地用心察言觀色，了解學生疾苦和可能的需求，主動予以關心、鼓勵、輔導協助，輔導工作才能生根落實。

再者，就師生關係而言，輔導功能的產生，比知識傳輸更需要有情感的基礎，師生間有了情感基礎，彼此願意相互接納，老師才有機會進入學生的生活領域，了解學生的心聲，掌握學生問題的全貌，洞悉其問題學生的心路歷程，老師才有可能作正確的研判和進行有效的

輔導。因此，教師應該利用正式和非正式的機會接近學生、了解學生，也讓學生了解老師、信任老師，唯有如此，輔導工作才能發揮真正的功能。

此外，輔導工作是調理學生心緒和整治學生價值系統的工作，需持久進行，也不是靠一二人之力所能奏效，因此，必須善用組織的力量，透過組織功能的運作，引導全體教職員同仁共同參與，一齊投入，才能發揮整體的功能，單打獨鬥常常帶來更多的挫折，所謂第一等人才用組織，第二等人才用幹部，第三等人才苦自己，正是這種道理。

總之，輔導工作是激發學生完全發展的有意義工作，由於輔導理論的建立已日趨完備，輔導策略的運用也益趨成熟，制度的建立也日漸完整，人員素質也逐漸提高，學校輔導工作應可邁入優勢時期，只要全體教育同仁具備共識：認清自己角色，掌握輔導對象，確立工作目標，善用推動輔導工作的方法，積極主動投入輔導工作，並適時加以檢討改進，則優勢的輔導，卓越的功能，可觀的績效，應該是不難達成的。

如何引發幼兒的創造力

壹、前　言

美國經濟學家舒滋(T. W. Schultz)認為國民所得的增加或經濟成長無法解釋的「餘留因素」(residual factor)部分，約有三分之一來自於教育的力量。的確，透過教育，可以使國民因賤而貴，國家因窮而富，此種情形從開發中國家的進步情形可以得到明證，因此，教育自然成為國政的重要項目。

教育的理想目標在於培養卓越的國民，什麼樣的人才算是卓越國民？一般說來，卓越國民大致包含健康的身體、廣博的常識、豐富的專業知識、深厚的人文素養、圓融的道德認知和行為，以及適應變遷和創造的能力。晚近以來，由於知識爆炸，技術半衰期日短，在學習上，可以說是：「今天」的學生接受了老師「昨天」學來的知識技能，準備於「明天」使用，其學習內容的時空適用性如何，至難確定，因此，上述諸多特質中，以培養幼兒適應變遷和創造的能力，在這瞬息萬變的時代，受到更多的重視。創造力是什麼？應該如何培養？便成為我們關心的問題，底下擬就如何引發幼兒的創造力，分創造力的定義、內涵、創造力的重要性，傳統教學的檢討，創造思考教學的技術、原則、策略，以及引發幼兒創造力的方法，作概略性的介紹，希望大家對創造力有所了解，並一起來開發這一個園地。

貳、創造力的定義和內涵

何謂創造力，歸納學者的意見，大概有四種說法：

1.創造是一種能力

創造力是創造性人物運用知識、經驗和思考技術，對環境事物表現出高度的敏覺，在思考上表現出流暢、變通、獨創和精進的綜合能力，這些能力常常是與生俱有，只是在成長過程中，不知不覺地遺失而已。

2.創造是一種歷程

創造是個體生活上改變、發展、進化的過程，具體的說，就是個體知覺問題的發生，接著探索問題，提出解決方案，選擇解決方案，並加以驗證是否切實有效。凡是能知覺到問題的存在，並運用這種歷程尋求有效答案的人，便具有創造力。

3.創造是人格特質的表現

具有創造性的人，表現出對問題的敏感性，對事物的開放性、冒險性、好奇性、想像力和挑戰性等特質，可以說是樂觀、積極，面對困難，迎接挑戰，解決問題的人格表現。

4.創造是產生特殊的行為或結果

創造者產生新穎、獨特的行為、觀念，或表現出流暢、變通、獨特和精進的情形。

此外，作者試從教學上提出兩種實用的定義：

1.創造力是一種包容和接納的狀態

所謂創造力，消極的是對新觀念、新方案的包容力和接納度，積極的是解決問題或發明新觀念、新方法的生產力。

2.創造力是一種思考的行為和習慣

　　創造力是個體基於創造思考的理念，把握思考的機會，運用思考的方法，形成思考的習慣，時而表現出創造的行為或結果的連續性思考能力。

參、創造力的重要性

　　愛因斯坦說：「想像力比知識更重要」，人類文化的發展，文明的進步，無一不是得自於人類創造力的發揮。創造力是社會進步的動力，有了創造力，方能適應時代的潮流，面對未來的挑戰，尤其，我們面對一個「永恒死亡」，變遷迅速，充滿「暫時性」、「新奇性」、「多樣性」的時代，人人都必須有創造力，否則，容易被逼到社會的死角，而成為社會活動的孤立者、旁觀者，而終為進步的社會所拋棄。

肆、傳統教學的檢討

　　創造力既然如此重要，目前的教學歷程是否有助於培養幼兒的創造力？當然，教學方法已有很多改進，但仍不難發現下列幾個有害創造力發展的現象：

1.強求標準答案

　　強調聽話、順從，不容許幼兒從不同角度思考問題，教師習慣於提供標準答案，凡是和標準答案不同的都是錯的，比如「樹上有十隻鳥，打下一隻，樹上還有幾隻？」標準答案是零隻，其實，從創造思考的觀點來看，這一個問題可以有無數的答案。如果限定零隻才對，實在是扼殺幼兒的創造力。

2.替代性學習

父母或教師常直接提示問題的答案，形成剝奪幼兒思考機會，抑制思考習慣之養成的情形。此外，如忽略探索過程，使幼兒錯過了知識發現的全貌；或教學目標不夠周延，只強調記誦，而忽略思考習慣的養成和思考方法的學習；或父母師長過分重視成功的要求，因此幼兒害怕失敗，以致失去嘗試創新的勇氣；或在學習上追求急功近利，忽略了持久性發展潛能之培養。這些都是亟待避免的缺失。

伍、創造思考教學的技術

因此，為了消除教學的偏失，教師指導幼兒學習時，除應避免抑制幼兒的創造學習外，應該靈活運用創造思考教學的技術，提供幼兒「想」的機會，引導幼兒「想」的思路，協助養成「想」的習慣，使他從「不想」而「願想」、「能想」、「會想」，從「少想」而「多想」，當然，創造思考教學的技術很多，如腦力激盪法、自由聯想法、屬性列舉法、查核表法、六一W法……等等，這裡僅介紹腦力激盪法供大家參考：

腦力激盪法(brainstorming)

奧斯朋(Osborn)認為腦力激盪法是訓練創造思考能力最直接， 也是最常用的方法。《韋伯字典》中，腦力激盪是一種強烈、短暫的妄想狂，突然具有一個觀念或靈感的突然爆炸。

郭有遹先生則認為腦力激盪法是一組人運用開會方式將所有與會人員對特殊問題的主意聚積起來，以解決問題的方法。也是創造性問題解決中產生大量觀念的重要方法，極適合班級教學時運用。

教授腦力激盪法最有名的巴尼斯(Parnes)在〈你，真的了解腦力激

盪法嗎?〉文中提出激盪法是整個創造歷程的基本部分，因此，值得教育同仁深入了解，並加以有效運用。

此外，由於①觀念的大量產生有賴於聯想，小組聯想最易生效②實驗證實小組討論比單獨思考更能發揮創造力，同時③心智工作在競爭下，可增加50%的工作量④小組中個體的主意立即得到刺激、鼓勵，可激發更多主意。這些都可以說明，為什麼腦力激盪法適合於班級教學時運用，不過，在實施時應遵守下列各原則：(Osborn)

1.選擇恰當的問題。

2.遵守腦力激盪的原則。

　　(a)免除批判(judicial judgment is ruled out)

　　(b)歡迎奇野觀念(wildness is welcomed)

　　(c)多多益善(quantity is wanted)

　　(d)尋求觀念的組合和改進(combination and improvement are sought)

3.小組成員以10～12人為佳。

4.記下主意和觀念。

　　其中所謂免除批判，另稱為「延緩判斷」(deferred judgment)，是腦力激盪法的中心主體。在觀念發展過程中，依循延緩判斷可防不成熟的判斷，妨礙想像的運作，同時，可提供有助於創造行為的氣氛。根據研究以傳統方式產生新觀念，平均每五分鐘可得二・五個好觀念，如採用延緩判斷則平均每五分鐘可得四個好觀念，平均提高72%的生產力。此外，陶倫斯(Torrance)認為在進行腦力激盪時，如能完全遵守腦力激盪法四原則，則估計一個大學生可以在三分鐘內想出四十個以上的觀念。

　　腦力激盪法由於最適於團體進行，因此，領導者的角色極重要，

他必須扮演激勵者的角色，領導大家遵守遊戲規則，他先扮演守門者，以激勵組員提出好觀念，當大家沉默過久時，須予引導，提供參考架構，以激發觀念。教師引導幼兒之教學，實施腦力激盪時，教師自然成為活動的領導者。

陸、創造思考教學的原則

啟發幼兒創造力的教學原則很多，我們在此介紹八個原則供大家參考。

1.民主原則

這是讓幼兒「可以說」、「放心說」、「自由自在說」的原則，亦即在教學活動，師生相互激盪，觀念源源產生時，保持民主原則，以接納多樣化的意見和觀念，以免扼殺幼兒的表達意願和創造思考習慣。

2.彈性原則

這是容許幼兒「儘管說」、「盡量說」、「想什麼說什麼」的原則，也就是在異見、創見泉湧時，保持彈性原則，不拘泥於任何的激盪方式，或產生何種觀念，唯一的目的，就是激發奇想和異念。以最大的包容力和接納度，來接管幼兒所提出的觀念。

3.共鳴原則

共鳴是幼兒間真正的相互激盪、相互引導刺激，當觀念新生、你來我往、相互增補時，保持共鳴原則，以相互呼應，不強行引導，不相抑制，使新觀念不斷激發出來。

4.共同參與原則

大家一起來，氣氛更熱烈，尤其，沉默的人，同樣會有新點子，共同參與是免除遺珠之憾的最好方法。人人參與，才能收到真正的效

果。教師應注意全體幼兒，避免有旁觀者的現象。

5.溝通原則

當教學之前，或觀念阻塞時，加強師生間、幼兒間有關主題的溝通，可以重新激發新觀念的產生。換言之，教師引導幼兒思考時，應該把話說清楚，讓幼兒完全了解。

6.積極原則

旺盛的企圖心常是成功的主因，人人保有積極的鬥志，是創造力教學的重要原則。因此，教師應多鼓勵幼兒表達。

7.激勵原則

鼓勵是最好的刺激，時加激勵，是教學中，師生間最直接有效的回饋。因此，教師引導班級活動時，應給幼兒適當的獎賞和鼓勵，以保持高昂的創造氣氛。

8.延緩判斷原則

延緩判斷，可以訴求更多的新觀念，尤其可以避免才剛萌生的創造之苗受到批判的抑制。可以說，是腦力激盪成功與否的關鍵，教師允宜特別重視。

柒、創造思考教學的策略

創造性思考教學和傳統的教學方式有別，我們可以將一般教學方法和創造思考的原理相融合，以利培養幼兒的創造思考能力，其中包括創造性的教學活動設計、創造性的發問，提供創造性的作業，引導幼兒創造性活動，以及設計創造性的日常生活內容等。底下介紹一個綜合性的創造思考教學策略供大家參考。

1.分析的策略(analysis)

教師分析幼兒背景，幼兒起點行為，教材內容，教學目標，編擬創造性問題等，以為教學之前之周詳準備。

2.提問的策略(ask)

教師教學時，運用各種發問技巧，向幼兒提出問題，或幼兒間相互提問激盪，以產生優良的新概念、新方案。

3.運作的策略(operation)

幼兒接受教師或來自同學提出之問題之刺激後，即運用創造思考技術，引導思考，以準備產出新觀念、新方案的內在思維活動。

4.產出的策略(produce)

運作思考結果，即不斷地釋放出新觀念、新方案來。

5.評鑑的策略(evaluation)

思想運作，觀念湧現，成一段落後，即將思考所得產品，運用聚歛思考或邏輯思考原則，逐一檢視，以決定其去留。

6.執行(doing)

思維所得項目，經評鑑所選出的優良觀念，付諸實際運用的情形。

教師平日教學，如能歷經分析、提問、運作、產出、評鑑、執行等過程，則當有助於幼兒培養其創造思考能力。

捌、引發幼兒創造力的方法

對創造力、創造思考教學有了概略性了解之後，消極的，當然是要揚棄那些不經意間扼殺幼兒創造力發展的偏差教學現象，積極的則

須知道如何協助幼兒培養創造思考的能力，茲分述如下：

1.建立觀念

教師應建立創造思考教學方面，完整正確的觀念，包括創造力的定義、內涵，了解創造思考教學的技術，以有助於實施創造思考教學。

2.熟悉方法

方法運用得當，可以收事半功倍之效，創造思考教學本無定法，本文前面所介紹者，只是舉例而已，教師應熟悉各種教學方法，在實際運用時，因時因事因地因人而作有效的變化。

3.廣集教材

良好的教材是實施創造思考教學的媒介，在幼稚園課程中，遊戲、音樂、工作、語文等皆富含創造思考的成分和特質，教師平日應自行編輯或收集適合於創造性活動的教材，俾便隨機運用。

4.多方設計

創造本就有多樣性的特質，活動本身極具包容性，因此，創造思考教學自不宜有定法，教師宜根據幼兒學習的需要，精心設計，多求變化，以引發幼兒的學習興趣，維持不斷學習和思考的情緒，以提高創造思考教學的效果。

5.安排情境

昂揚的情境有助於產生創意，尤其進行腦力激盪時更為需要，因此，教師應注意幼兒情緒的需求和變化，安排適合創造的物理情境，引導有利創造的心理環境，形成安全、自由的氣氛，幼兒才能表現出創造的意願和行為。

6.掌握教學

創造思考教學，往往呈現出活潑、熱烈的學習氣氛，有時容易失之零亂，實則鬧中有序，創造性活動仍依條理進行，只是需要教師隨

時注意引導而已。

7.運用策略

可以運用的創造思考教學策略很多，教師可以根據活動情境的需要妥為交互運用，以收到最大的教學效果。

8.追蹤輔導

創造力的培養並非一蹴可幾，實有賴教師長期的引導和灌溉，僅靠幼稚園的課業活動是不夠的，如何影響家長積極有效的配合，非常重要，因此，追蹤輔導便成為教師引發幼兒創造力的工作項目。

玖、結　語

總而言之，實施創造思考教學，引發幼兒創造力，最基本、最簡單的目標，在於希望幼兒養成動腦的習慣，能注意周遭的事物，凡事「願意想」、「敢去想」，同時「想得多」、「想得好」、「想得巧」，並將這種習慣和日常生活相融合，將創造思考的方法應用到問題的解決上，這是一件持久性的重要工作，也是一件影響深遠、事關社會進步、國家強弱的基礎工作，實有賴教師同仁本乎教育理念和創造思考教學的原則、策略，協助幼兒，使每一幼兒都有創造思考的能力，則社會幸甚！國家幸甚！

奧斯丁的語言哲學

壹、引　言

奧斯丁(J. L. Austin)，西元1911年3月26日生於英格蘭的蘭卡斯特(Lancaster)，西元1960年2月8日英年早逝，他以分析和語言哲學的貢獻而稱著，他的大部分著作都和語言哲學有關。

奧氏是第二次世界大戰以後，英倫最有影響力的哲學家之一，他將任何豐富、有效且有多重意義的自然語言重新建立嚴格的檢證標準，證實了以開放的心胸來處理日常非技術性語言的方式，可以獲得哲學的意義。

在二次大戰之前的幾年間，奧斯丁投下了許多時間精力研究哲學，成為萊不尼茲哲學的專家，此外，對希臘哲學，特別是亞理斯多德的倫理學著作尤有研究，此期間，他的思想雖然敏銳也逐漸形成了顯著的風格，不過，大部分屬於評論性，缺乏正面的積極探討，實有別於他戰後的著作，有一篇屬於這一時段中的早期作品「有先驗概念嗎?」，很能代表他嚴肅的文格和景觀，此種情形，使他成為一個可怕的人物，根據奧氏的說法，在二次大戰尚未爆發以前，他已開始發展哲學的綱領和成熟的哲學工作方法。到了西元1952年以後，他一直擔任牛津大學的哲學教授，直到西元1960年逝世為止。奧氏在世時，他自己並未完成什麼書，其間只出版過七篇論著而已，在他死後一兩年內，他的弟子將他的論文和講稿整編成三部書出版，其中以(*How to do things* with words)《如何拿話做事》最為有名，今即以奧斯丁成熟作品中最重要的語言哲學——《如何拿話做事》的主要概念作一簡介。

貳、語言哲學

奧氏語言哲學可以分為兩個階段，一為敘言(constatives)和做言(performatives)的區分，一為說話行動論。茲分述如下：

一、敘言和做言的意義

⑴敘言(constative utterances)或(constatives)，意為敘述性的講話，目的在就一事實或現象作客觀性的描述，這種敘述具有真假。

如：「火星上有生物」，「鳥會飛」，「1+1=2」。

⑵做言(performative utterances)或(performatives)，是一種表示行為或行動的敘述語句。此一敘述是主觀的，是行動的，用來表示它們在於履行一種行動，不能說它們具有真或假的性徵。

如：I name this ship Liberty.

I welcome you.

I promise to meet you at ten o'clock.

二、語言哲學發生的背景

由於維也納集團中維根斯坦力倡以分析語言做為哲學的中心工作，挑起了對語言的檢真運動，奧氏受到此一運動的影響乃獨自開創了「語言使用」這一觀念的研究，此外，在維根斯坦後期，提倡語言的多用性功能，即「數不盡語言使用說」的衝擊下，增強了他為語言使用觀念建構了若干一般的理論，尤其，奧氏認為自己身為語言使用

運動中的一份子，既在乞求語言使用的新意，以解決哲學困惑之餘，更應該給這些語言使用提供一些架構，因此，提出了做言和敘言的觀念和理論架構。

三、做言得體的必要條件

依照奧斯丁的理念，做言雖然沒有真假值，卻仍要受另一種次元，亦即得體與否的批判和檢證。此一批判的標準可分為兩大類。

1.無效(void)

如：I name this ship Liberty.

句中說話的"I"如果沒有命名的資格和權力，則，此一做言便是無效。

2.欠貼切或不周延(infelicities)

就某一做言的敘述而言，如果說話者係在條件不夠周延下講話，該做言便是不周延，亦即不得體，究竟得體的做言應該具備什麼條件呢？奧氏提出六個標準：

A_1：須有一條具有約定效果，且被接受的約定程序，這個程序包括在一定情況下，一定的人講出一定的話。

A_2：在某一場合中，特定的人和特定的情況，須合乎特定程序的要求。

B_1：行動的參與者須正確地按程序實施。

B_2：行動的參與者須完全地按程序實施。

Γ_1：當預先設計一個實施程序給那些具有某一特定思想和感情的人使用時（或設計給對參與者的任何一方，創導某一定相因而生的行為使用時），則「他」必須實際上具有做言中所述的思想和感情，同時還須有意去做這些行為。

Γ₂: 須隨時去履行這一行為。

如果做言違背上述任何一條標準，便是不貼切、不得體，不周延了。

四、做言得體必要條件的分析

奧斯丁所提示的六項標準中，前四項屬於外在情境的檢證，可稱之為外在情境規則，後二項屬於支配說話者內在或精神的情境，可稱之為內在情境規則。大致說來，奧斯丁以為如果違背外在情境規則，則想要的行動或行為不會實現，不會成功，不會達成願望而已，統稱之為未成(misfires)，如果違反了內在情境規則，雖然願望中或做言中的行動達成了，可是，此一行為是在不誠實的情況下達成的，統稱之為妄用(abuse)。

茲就六要件簡述如下：

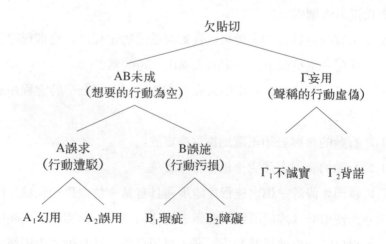

A₁: 須有一條具有約定效果，且被接受的約定程序，此一程序包括在

一定情境下，一定的人講出一定的話。

例：I divorce you.

得體的要件是，雙方有夫妻關係，社會宗教法律皆容許離婚，「you」也同意接受，否則此一做言便不得體。

A_2：在某一場合中，特定的人，特定的情況，須合乎特定程序之要求。

例：I name this ship Liberty.

得體的要件是「我」須具備命名的資格和權力，否則即違反了規則A_2，不是特定的人無法在特定的場合中完成特定的程序。

B_1：參與者須正確地按程序實施。

兩人準備結婚，若當事人之一為未成年者，儘管結婚如儀，如未得其父母或監護人的同意，便違反此一規則。因此人和情境都具備，也願意按程序實施，才算得體，如果其中一步未能依序實施，即屬不得體。

B_2：參與者完全地按程序實施。

例：我給你一本書。

「你」沒說好或「我」未給「你」書，都會使此一做言不得體。

Γ_1：說話者的感情思想必須符合所欲顯的行為，並且願意去做。

Γ_2：說話者的感情、思想不但必須符合所欲顯的行為，願意去做，更必須把行為完全地顯現出來。

例：我恭賀你。

如果我的思想感情都真，則此做言為得體，如果嘴巴如是說，但內心則不以為然，則是不誠實，可以說違反了Γ_1和Γ_2。

五、做言的可能標準

奧斯丁以為可以用兩個標準來決定某一個敘述語句是不是可以稱

為做言。

(1)第一人稱單數現在直述主動的動詞開始的敘述。

　例：I name this ship Liberty.

　　　I promise to meet you at 10 o'clock.

(2)第二或第三人稱（單數或複數）現在直述被動詞開始的敘述。

　例：Passengers are warned to cross the line by the footbridge only.

六、做言的種類

(1)顯式做言：具有做言的標準形式叫顯式做言。

　例：I order you to shut the door.

(2)初階做言(primacy)未具標準形式的做言叫初階做言。

　例：Shut the door.

參、說話行動論

　做言觀念中，貼切與否，相當含混，因此，奧氏後來放棄了他多年耐心經營發展的做言學說，改提說話行動論，此論可以含蓋語言的更多層面，尤其可以把全部的說話行動，都含蓋進去，也可以釐清在原理論中，最使他頭痛的「去做一些什麼」，這個曖昧的概念，因此，他回過頭來，從根本上徹底去考慮，去說些什麼，就是去做些什麼，或者在說些什麼，我們做些什麼，甚至於根據說些什麼，我們做些什麼。

　奧氏提倡說話行動論，旨在反對意義有其確定描述意義，及事實與價值，真與假二分的盲目崇拜，而主張意義係在言辭行動中使用而得，他認為去說些什麼，就是去做些什麼，某人在說些什麼，也就是

他在做一些可辨別的行動，這些行動包括了：

　(1)語辭行動：「做出」說什麼的行動。

　(2)從辭行動：指在說些什麼時，作出的行動，其能做出的意思要
　　素，即被稱為意思力。

　(3)去辭行動：透過說些什麼而作出具有影響他人的效果。

肆、結　語

　　總之，自第二次大戰以後，有關語言使用的哲學論說，有如兩後
春筍般地推出，牛津哲學或稱日常語言學派即為主流之一，各家雖皆
熱烈討論語言之使用，可是對使用一詞的觀念，各家仍有基本上的差
異，不過都共同認定，語言元素的意義和該語言在具體使用中的情境，
以及說者、聽者的行動與意圖有密切關連，所謂共同認定，就是他們
要強調「使用」的道理。奧斯丁即為此群中最有影響力的哲學家之一。
他的做言理論，在哲學上告訴我們有一個意義邏輯空間，顯示在這個
空間裡，除了真假這個重要的次元外，還有得體不得體這個重要次元，
準此以推，除了在這兩個重要次元外，可能還有其他重要的次元有待
我們去發現、建造，這些應該是奧斯丁做言敘言理論在哲學上的貢獻。

完全學習的理念與策略

壹、緒 論

「教育是通往人類理性之路」(Smeyers, 1995)，良好的教育，教以生活知能和理性思辨的能力，廣布合理的制約規範，引導品質生活，的確為國家社會帶來生機和光明的遠景。我國歷經戰後五十年的發展，已由傳統農業社會轉變為現代工商社會，政治、經濟、文化均受到現代化、工業化、科技化的衝擊，面臨結構性的調整和重建（行政院教育改革審議委員會，民85），細以思之，在教育方面亟待改革的事項不少，比如：教育之僵化與惰性、學校教育與社會需求之脫節、教育內容與生活內容間的差距、偏重智育的考試文化、課程分量與評量方式的欠缺合理（前揭書；民85）……等等，如能謀取共識，群策群力，並付諸行動，對國家迎接二十一世紀，自然具有關鍵性的貢獻。

其次，在一項探討「促進中小學五育均衡發展策略」的研究中（黃政傑，吳明清等，1992）發現，接受調查的學者專家、教育人員和家長，評估為「均衡」和「大致均衡」者，合計佔26%，將近四分之三的人認為「不均衡」和「非常不均衡」，認為德育「不受重視」和「非常不受重視」者，佔受調查者中約四分之一，體育則佔近46%，群育佔將近58%，美育高達43%，五育不能均衡發展的情形可見一斑。

楊國樞等人(1991)也針對大學聯考進行研究，指出「大學聯考的競爭，使得學生只重答題技巧，不重視分析問題能力，只關心標準答案，

懶得去思考或分析答案形成的過程」，而郭生玉等人(1991)探討大學聯考對高中教育的影響，獲得四項主要結論：

(1)大學聯考引導教育以升學為取向，致高中教育目標未能有效達成。

(2)大學聯考使高中各科學習以聯考科目為主，教學策略和評量方式均以考題為取向。

(3)大學聯考使考生為考試而求學，學習方法及態度有所偏差。

(4)大學聯考使高中教學正常化的理念流於形式。

這個研究，具體說明向所詬病的考試領導教學現象，這種現象同時見之於國中和高中，使教育窄化成「解題訓練」和「應試教育」，此種偏差，忽略德體群美不說，在智育中聯考不考的科目，同樣受到忽略，此「智中有等差」，連智育科目都有輕重的病象，加上年有發生的教育脫軌和學生輕生現象，實在令人憂心，有人戲稱我們的教育早已是「五育病重」，言或過激，卻也不容忽視。

其實，教育改革並不是開發中國家獨有的專利，教育問題也不是開發中國家獨有的現象，實際上，將教育問題的檢討與改進，當成是國家危機來處理，是九十年代美國教育改革的一大特色，他們不但提出全國性的因應對策，且獲得國會的支持，聯邦政府躍居美國教育改革的領導重心（張煌熙，民85）。我國行政院於83年9月21日成立教育改革審議委員會，禮聘李遠哲先生領導執事，自是順應國際教育改革的潮流。

作者基於教育改革的整體認知，曾提出「完全學習」、「體驗學習」、「統整學習」三理念，期盼對教育改革有所助益。本文即以完全學習為主軸，採文獻分析、問題思辨、理念闡釋的方式，先就「當前教育迷思」提出探討，接著說明「完全學習的意義」、「完全學習的內涵」，

再就「完全學習的基本理念」以及「完全學習的理論假設」加以析述，然後就「完全學習的實施原則」、「完全學習的實施策略」提出本文的主張，最後，則以學校本位的觀點，就學校的實施歷程提出建議，以供參考。在結論之前，並就若干有待釐清的事項加以說明，希望能有條理、有步驟地將完全學習的理念與策略加以介紹。

貳、當前教育的迷思

　　學生的歲月是一生的黃金時代，應該享有快樂的童年，讀書滿足求知欲，建構足夠的生活能力，也應該是愉悅的，但是冷酷的現實卻不是如此，今日的學生常被喻為「考試機器」（郭為藩，1995），同學在一起不但成為競爭對象，且施予重重束縛；統一教材、統一進度、統一計分，讓他們毫無發揮的餘地（曾憲政，1997），甚至於斤斤計較分數。世界已經不一樣了，但是，臺灣對教育的討論還是升學問題，把教書與學習，學力與能力混為一談，當各國如火如荼進行教育改革，知識化的教育變為致用、生活化的教育，臺灣的教育重視競爭、知識、功能，卻欠缺同理心的教育方式，是否能讓臺灣面對二十一世紀快速變化的世界（天下編輯，1997）？實在令人憂心，尤其，時至今日，連政府各機構的用人、敘薪、升遷，幾乎全以學歷為唯一的依據，少能以能力作考量的，既然學習的最後結果必然走入工作世界，而工作世界卻純然以學歷來看待一個人，那麼談改革，說打破升學主義，也就難上加難了，真令人徒呼奈何！且讓我們進一步來思考臺灣學生在學習上的若干迷思。

(1)把學習科目分為主科、副科，主科比較重要，副科則次之，主科多讀，副科少讀。

⑵把學科分為聯考要考和不考的科目，考科全力以赴，非考科，
　用心情形就有不同。

⑶把學習科目分為喜歡的科目，不喜歡的科目，喜歡的科目多讀，
　不喜歡的科目常常忽略。

⑷把學習科目分為重要的科目和不重要的科目，兩者重視、用功
　的程度有別。

⑸讀書，指的常是讀教科書，尤其是聯考要考的教科書、參考書，
　讀「課外」書，就有被糾正、禁止的可能，學習的興趣、專長，
　無法開發，甚至埋沒終生。

⑹讀書，讀教科書，尤其是聯考有關的書，常受歡迎、受鼓勵，
　而社團活動、聯課活動就常不受重視、不受鼓勵，甚至於受拘
　束、禁止。

⑺可能由於認真教學或高度期許的緣故，學科教師或父母常常以
　培養專家的心情和標準來要求孩子研讀每一個學科，尤其是和
　聯考有關的科目，常常造成學生的超量負擔和比較多的挫折，
　甚或是放棄學習，造成要求「more」而所得「less」的反效果。

⑻由於聯考檢驗的是分數，不是考驗學習者完整的能力，因此，
　分數的高低比較受到重視，能力的高低、實力的有無、興趣的
　濃淡，似乎比較不重要。

⑼讀書最重要的目的是要經由聯考取得高分，進入明星校系，至
　於是否適情適性，反居其次。

綜合來說，追求現在的高分、聯考的獲勝、亮麗的文憑，好像代
表未來的成就和一生的幸福，或是未來幸福快樂的保障，因此，把教
育縮短成「當下的期盼」，窄化成好像只有考科的分數、聯考的獲勝、
明星學校的文憑，離此一步的學習，好像就不利於聯考，有礙未來前

途，這是多麼不可思議啊！難怪天下報導要談我們的學生考試能力一流，生活倫理低能，學生背誦一大堆教條，「知道」很多規範，卻沒有養成逐步選擇、自行判斷的能力，自律性並未隨著年齡而提高（天下編輯，1997）。這是值得特別重視的迷思。

為了這樣的迷思，臺灣的學生只顧讀書，很少培養「讀書」以外的興趣（天下編輯，1997），很少關心自己以外的人事物，因此，情緒智商，也就是所謂的團隊合作、人際溝通、為他人著想的人格特質，比較模糊，往往欠缺人生困境中解決衝突問題的能力，十分不利於二十一世紀競爭社會生活的需要。「學習不是只有背書與考試」，「學習不是追求分數」，「知識是資源，應重活用」，值得現代人深思，尤其，根據青輔會於民國84年出版的《青少年白皮書》中對臺灣青少年所做的調查顯示，青少年中每三人就有一個人有生活上的困擾，這中間又以課業及感情的困擾最為嚴重。

這種學習上的迷思，所造成的心理挫折、挫敗，很容易促發青少年本已有之的認同危機(identity crisis)，造成對家庭、學校和社會的疏離感，這是否即為近十年來青少年（15～19歲）死亡因素中佔第一第二位的「意外事故」、「自殺自傷」的主因，是值得觀察和重視的。

參、完全學習的意義

為了破除「偏」「私」「窄」「狹」的學習迷思，作者試提「完全學習」的理念來擴充學習的領域、周延學習的目標、放遠學習的眼光、提昇學習的格局、建構統觀的學習思想，以開創全方位、全人格的未來。

何謂完全學習？讓我們從教育現代化談起。黃政傑（民85）在〈教

育現代化的理念〉一文中特別指出，教育現代化意指讓教育從傳統邁向現代，使之與現代社會同步之意，是一個普遍受到各界注目的教育改革課題，包括：

(1)將「學校教育」的理念擴展為「教育」的理念。

(2)將「短期教育」的理念延伸為「終生教育」的理念。

(3)將「標準化教育」的理念轉為「適性化教育」的理念。

(4)將「分類施教」的理念調整為「融合施教」的理念。

(5)將「教育少數學習者成材」的理念調整為「教育所有學習者成材」的理念。

(6)將「單一文化」的理念轉變為「多元文化」的理念。

這些現代化的教育理念，均強調教育、施教或學習的內涵宜由窄而寬、由小而大、由偏而全、由單一而多元的學習整合、融合，因此，根據教育現代化的需求，多年來常見的「分數掛帥」、「升學第一」、「文憑至上」、「智育等同教育」、「讀書就是讀教科書」……的迷思，就亟待作有系統的省思、破解和重建。

實際上，教育原本就在生活中發生，學習者周遭的環境即為教室，其周遭具才能之人，且願教導他人學習者即為教師，環境中可用為教學物品者即為教材，安排所要學習的事項即為課程，觀察學習結果在環境中表現應用即為評鑑（黃政傑，民85），因此，生活上時刻需要的知能應列為學習的首要題材，周遭可用為學習、可增長學生能力的活動、事、物皆得為學習之用，我們的教育應該揚棄不當的偏失和窄化的現象，進入「完全教育」、「完全學習」的生活學習領域，才能解除學習障礙，讓青少年過快樂有用的學習生活。

總之，完全學習是以生活能力、生活需求的學習為核心標的，經由有意義的規劃設計，引導學生先作知識、能力、情意與生活相聯結、

相融合的學習，再逐次分化、深入專業，是一種全方位的學習，生活上全能的學習，也是一種生活本位的學習，越是基礎階段的學習，完全學習越為重要。

肆、完全學習的內涵

任何學校都透過課程實施來教育學生，展示教育功能，達成教育目標，因此，教什麼、學什麼自然成為教育活動的關鍵課題，庶幾自有學校教育以來，課程設計的取向爭論至多，立論多元，其中以教材中心、問題中心及學生中心是最常見的課程設計取向（單文經，民81），如以課程就是一種領域的觀點來說，本文界定完全學習的內涵如下：

㈠完全學習就是德、智、體、群、美五育並重的學習

國民教育法第一條規定，國民教育依中華民國憲法第一百五十八條之規定，以養成德智體群美五育均衡發展之健全國民為宗旨，因此，德智體群美五育均能兼顧的學習就是完全學習。又高級中學課程標準規定高級中學教育以繼續實施普通教育，培養健全公民，促進生涯發展，希望達成身心健康、術德兼修和文武合一的目的，因此，身心健康、術德兼修、文武合一、邁向健全公民的學習，就是完全學習。

㈡完全學習是知識、技能、情意兼具的學習

B. S. Bloom等人將教育目標分成三大領域：分別是認知領域、技能領域、情意領域。每一個領域再依據其能力的複雜情形，劃分出數目不等的層次，課程設計要因應學習實際需求，兼及三個領域的不同層次，在教學、評量時也要觀照到不同領域的不同層次。因此，完全學習指的是兼顧知識、技能、情意的學習。

㈢完全學習是顧及主學習、副學習和附學習的學習

根據克伯屈(W. H. Kilpatrick)同時學習的原理，學習內容應包含：①主學習內容，這是教學所要直接達成的目的部分，也是學科的文本部分②副學習內容，這是和主學習有關，不一定是學科內容的知識、技能、思想、態度、觀念的部分③再次是附學習的內容，附學習又稱輔學習，是和主要學習內容有關的情意、態度、理想、感情、興趣等，同樣影響一個人的學習，常常是重要的學習內容。因此完全學習就是兼顧主學習、副學習和附學習的學習。

㈣完全學習是兼及生活、做人、做事、作學問的生活學習

無論學習的目的為何，無論學習的有形歷程之長短如何，一個人學習到某一個階段後，自須回到工作世界，回到以一般生活為主的生活，因此，作學問的極至，大部分是回歸做人和做事的生活世界，因此，完全學習的領域自是包含生活、做人、做事、作學問的生活學習。

㈤完全學習是兼及顯性課程、潛在課程以及空白課程的學習

在課程設計上包含規劃的顯性課程，如各學科、社團、活動等，也有未經規劃的潛在課程，如班級次文化，教師穿著等，乃至刻意留白的空白課程，這三種性質的課程，都在有意無意中提供學生學習或影響學生學習，造就每一個學生的可能未來，因此，關照到顯性課程、潛在課程和空白課程之學習就是完全學習。

總而言之，完全學習企圖透過寬廣度、深厚度堪稱整全完備的學習，培養在思想、作為、做人、做事、處世和生活方面，既能有微觀、鉅觀和統觀的能耐，也能知道過去、了解現在、策勵將來的潛能，如此的關注層面和觀照範圍，在日常生活上庶幾可以有知書達理、穩健謙和的可能，並做到「見樹又見林」「看到針孔，也看到城門」的境地。

㈥完全學習是包含「3H」的學習

完全學習是包含Head、Heart、Hand的學習，Querido (1982)倡導全

面發展的「3H」學習，也就是完全學習，他指出：所謂3H學習中的Head
代表智力的發展、知能的學習，Heart代表情意、情緒，也就是心理的
發展、E.Q.的學習，Hand則代表生理的發展、肢體的學習，也就是身
體健康的學習。因此，完全學習中3H的學習就是包含了身、心、靈、
智的學習，代表另一種完全學習的可能。

伍、完全學習的基本理念

我們通常習慣用概念、觀念和理念來表達我們對許多事物的看法，
就知識場的觀點來看，概念是我們對現象的概括分類或基本敘述，觀
念則由多個概念進一步作有意義的組合而成，是我們對現象與現象間
關係的歸納與描述，而理念則由許多觀念建構而成，是一種較為系統、
理性的說法（饒見維，民83），比如：「我的政治理念」「我的教育理念」
……代表對知識信仰程度較高、強度較強、穩定性較顯著的意識和態
度。本文所主張的完全學習理念，謹簡述如下：

1. 完全學習首先要做的是學習「生活」，也就是把「生活」當成是「國
   文」「數學」一樣地認真來學習，但又不可以把生活僅僅當成是一個
   學習科目，我們更要學習「營造生活品質」、學習到「操作性的生活
   行為」、學到從食、衣、住、行、育、樂中建構「社區總體營造」的
   理念和能力，以真正改善我們的生活品質，因此，完全學習是一種
   生活導向的學習，試圖透過提供整全周延務實的學習機會、學習途
   徑和學習內容來建構學生在面對生活需要、生活挑戰和因應變遷時，
   能有足夠而完備的知能，不致有見樹不見林的現象。
2. 就知識種類的多元性，以及將知識應用到日常生活中必須考慮到的
   統整性而言，學習年級越低或學習的基礎性越強，完全學習的必要

性、需要性就越迫切，此一說，並不表示年級高的專業學習，就用不著考慮到完全學習。

3. 完全學習以周延學習內容的期盼，提供學習領域的整合，這種整合植基於「先廣後專」「先寬後深」的需求，透過先廣後專的學習是建構「船底寬，船不翻」邁向完全學習之良好途徑。

4. 完全學習提供全方位學習、全人教育的基礎和可能，學生學習的途徑和內涵多樣化、完整化，能兼顧生理、心理、心智、情感、精神、以及各種不同的層面（單文經，民81）發展的需要。

5. 完全學習引導學生進入全品質學習和精緻學習，因此，能以學生為中心，以團隊為導向，強調師生全員參與、完全參與，運用有效的科學教學方法（吳清山，民85）引導學習者建立學習興趣，主動學習，使學生樂於建立長遠學習目標，做永續學習的打算。

6. 完全學習強調以學習者為中心的學習，透過建構學習的理論，並以建構理論為經，以學科學習中的知識、情意、技能等三大領域為緯，奮力學習，是一種合乎自由意願和認知性的學習。

7. 完全學習所要涵蓋的領域極大，因此，強調合作學習，不僅師生要合作，同儕間也要合作，希望透過個人學習的分工和團隊的整合，引導學生不只對自己的學習負責，也要對其他同學的學習負責（黃政傑，民82），正符合本文前述做人、做事、作學問的生活學習，因此，也是一種富含社會關懷、人性化、人本理念的學習。

8. 完全學習考慮到創造的重要，完全學習的過程較分立學習長，也較為複雜，需要更多的注意與創意，以開發更多有用、有效的學習途徑和策略，才能提高完全學習的效果。

9. 完全學習的實施，就年齡來說，有不同年齡層間領域大小的差異性，就個人學習興趣領域來談，有因個別差異和領域廣度、深度上發展

分化的需要性，就專業分化成長來說，也有其深淺不同的可變異性，換言之，如以前者而言，年齡越小，對基本能力領域的完整性或寬廣性之要求就越高，相對的廣度加大，深度就相對降低，因此，完全學習對於基礎教育有特別不同的意義，對年齡較高者的學習者而言，則有其適用上不同的價值性。

10.完全學習意在引導學生建構快樂有用人生需要的知能，澈底擺脫多年來「教育與生活脫節」「學習與生活疏離」「教育是培養解決紙上問題專家」的缺憾，造就一個真正有生活能力的新人類。

總而言之，完全學習要求將學習的寬度、廣度擴充到最大、最周延的合理性，實際上是一種要求學習者見樹又見林的學習，也是一種要求能兼顧微觀、鉅觀、統觀的學習，換言之，完全學習就是本先寬後深、先廣後專的原則，廣納、學習生活上所需要的知識、能力、態度、行為、習慣、價值觀、生活方法……使之都能達到堪用、夠用的水準，再據以作為分化、專精學習的基礎，同時，專精學習的過程中，仍可本乎完全學習的原則，兼顧知、情、意以及人文、科學的整合，使每一個年齡層的學習者都自然成為完全發展的人。

陸、完全學習的理論假設

課程專家R. Tyler (1949)曾認為發展課程應該掌握四個基本問題：

⑴學校希望達成的教育目標是什麼？

⑵希望達成這些教育目標，學校應該提供什麼樣的教育經驗給學習者？

⑶如何有效組織這些教育經驗？

⑷如何判斷已達成這些目標？

　　完全學習內容的考量當然要顧及Tyler所指陳的相關問題，特別是第二、第三兩個範疇，實際上，許多學者主張，任何一種課程均須建立在適當的基礎之上，且須強調課程內容和客觀社會環境之配合（楊明恭，民85）。此外，歐陽教（民72）認為教育之所以為教育，免於流為非教育與反教育，至少應符合英國教育哲學家Peters所主張的三大規準：①合價值性②合認知性③合自願性。因此，完全學習內容的擷取、理論的引述自須符合道德的規範，考慮到學習者心理發展和認知階層的配合以及自由意志的表達。本節以如上之論述為基礎，析述若干觀點如下：

(一)完全學習本乎完形心理學

　　學習心理學中完形心理學強調學習是學習者對情境認知後，獲得完整的領悟，對某一知識內容之了解，以統知後才能有深切的了解，統知就是一種完全學習。場地心理學則注重生活空間、心理疆域的統觀性，強調學習的完整性，以及整個有機體和整個情境交互作用的結果。完全學習強調個體求得對生活情境的完整掌控、知變，因此，期盼能知的完整、學的完全，合乎完形心理學、場地心理學所揭示的完整、統觀的原則。

(二)完全學習顧及身心靈的均衡

　　依照馬思洛心理需求階層的說法，人都有自我實現的需求和本能，以成就人之所以為人之本質，所謂人的本質，應指整全特質的人，即為「whole person」或「totality of person」，這種整全的人，如果以梅洛龐蒂(M. Merleau-ponty)的身心合一論來說明，將意指人具有「身體(body)」與「主體(subject)」，「語言」與「思想」合一的特質（溫明麗，1997），大致說明一個整全的人，應該是「身心靈均衡合一」「表裡如一」「言行穩定深具一貫性」的人，是一個正常的人、健康的人可以辦

到，應該辦到的，完全學習或完全教育即希望透過學習的完全性、完整性來造就生活上整全的人。

(三)教育本就是完整性的活動

Eisner (1985)認為教育活動應以「一整體活動」來看待，不宜分立割離，在教育實施上，教育之所以要分認知、技能、情意等領域來施教，只是為了實施上的方便，並非真正可以分離，就生活中應用知識而言，知識的發生多因生活的需要，知識與生活為一整體，不必強加分離（溫明麗，1997），實際上，也不必分離，應用上更無法分離，我們何曾分辨正在使用物理知識、國文知識……呢？而完全學習就是強調知識和生活融合的學習，因此，完全學習合乎學習原則和學習需求。

(四)完全學習合乎生理現象

在正常狀況下，人類生活的本質就具備相當程度的同時學習能力，我們的學習源，除了經由學校有意的設計提供以外，我們的視聽覺常會像錄影錄音一樣，一開始，會全部將接受到的刺激置入「磁帶」中，只有學習者個人在處理回饋時，對進入腦中各種不同的學習材的反應會有不同而已，因此，完全學習在生理上是可見的，更何況完全學習的學習材早已是經由設計，使之適性化、合理化的良材、需材。

(五)完全學習合乎生活哲學原理

莊子哲學、禪學上曾有「無用之用是為大用」的說法，有用之用常建立在無用之用上，比如：一把銳利的刀，其真正有用，真正發揮刀的功能者，唯刀刃而已，然而，在實際使用上，卻需要刀柄，有了刀柄，才方便使用人掌握，才能隨心所欲地發揮一把好刀的功能，徒有刀刃，則難以為用，反之，徒有刀柄，根本不成為刀，必也刀刃刀柄合而為之，才能造就一把完整的好刀，完全學習要造就整全的人，主張學習內容的完全性，將看似無用和看似有用的學習材料作巧妙的

結合，才不會因眼光短視，放棄許多學習。

㈥完全學習合乎先哲俗民的看法

先哲早有「船底寬，船不翻」「讀一書不足以知一書」的說法，這是從俗民生活體驗所獲得的生活智慧和生活哲學，提供完全學習中實際學習的經驗基礎，事實上，知識越廣博，越能建構穩固的學習基礎，提供進一步專業學習的更大可能，和累積豐厚的生活資源。完全學習的有效發揮，可以建構知能發展的金字塔，底層深廣寬厚、建構完全、完整，正是搭高建物，穩固建築的良好條件。完全學習正是建構分化專精學習的基石。

柒、完全學習的實施原則

本節討論用以規劃完全學習的若干原則，以為實施之參考。

㈠生活需求原則

生活上所需要的知識、技能、情意、行為模式、習慣……等，不但項目很多，且層次也不少，其中基本而必要的能力項目均應列為學習的標的。如希望交通好，就要全民落實交通規則的學習和遵行，希望減少坡地附近的土石流，建築人員除了核算建籌利潤、考慮建築專業以外，也要統觀到水文、環保、生態、交通……等相關的領域。生活需求原則，指引我們學習過起碼美好生活所需的所有知能。

㈡學習需求原則

當今社會已進入終身學習社會，需要更多更好的獨立學習能力，而終身學習、獨立學習所需的能力又屬多元性，基本的學習能力若有不足或缺漏，學習內容就會失去均衡，造成偏狹學習的現象，就像時下的評論，我們的學生考試能力一流，而生活能力低下一樣，所以實

施完全學習時，學習需求的原則要加考量。

㈢前瞻性原則

老師常以昨日之所學，今日教給學生，讓他們明日使用，就學習準備而言，學習內涵中有相當部分係為來日生活預作準備，因此，何者為生活上所切需，何者為工具性、方法性、基礎性、未來性的學習內容，規劃時應有所掌握才好，才能培養能因應未來需要的國民。

㈣激勵原則

學生多屬未成熟的個體，容易表現好逸惡勞、捨難趨易的現象，以致表現出偏向、窄化的學習現象，難以進入完全學習的途徑，教師宜運用激勵引導的方式，來鼓勵學生擴充學習領域、周延學習內涵，達到完全學習的效果。

㈤民主原則

西諺有言，你可以把馬拉到河邊，但沒法強迫馬兒喝水，因此，在完全學習時，要運用民主原則，尊重學習者，舉凡學習項目、先後順序、分量多寡、時間分配……等，均可引導大家共同參與有所討論，作成決定，容許大家保有足夠的空間，可以提高完全學習的效果。

㈥周延原則

完全學習意在避免學習的偏狹、缺漏，因此，在教材選擇、教學進行、評量實施時，自然要考慮周延原則，避免掛一漏萬，才不會只想到考高分，而忽略健康，只想到種果樹，而忽略了水土保持。

㈦個別差異原則

完全學習是學習的通則，在實際運作上，尤其落實到課程或學習設計、教材難度分量安排取捨、邏輯順序的掌握，甚至於結果的評量時，也同樣要參考學習者的個別間和個別內差異，才能符合學需要，使完全學習更能順利推動進行。

(八)邏輯原則

完全學習所期盼的學習項目、學習領域較多，不同項目領域出現時機、先後，或是教材呈現的分量難易度……都要合乎邏輯原則，才能方便、有效建構學習的內涵，發揮完全學習的功能。

(九)發展性原則

課程是逐步不斷發展而成，因此，在建構完全學習的材料歷程中，要考慮學習者身心發展和課程發展相互配合或融合的原則，也要有足夠的耐心，期待課程實施上「緩步漸進」「滴水穿石」緩慢呈現實效的現象。

(十)獨立自主原則

老師不可能隨時隨地指導學生，因此自我學習、獨立學習、永續學習更是學習內涵中至為重要的一環，學生能養成獨立學習、主動學習的能力和習慣、學習已成功一半，因此，實施完全學習，引導學生養成獨立的自我學習是非常重要的。

(土)統整原則

完全學習涵蓋廣泛的學習內容，因此，要考慮到學習材的統整，才不會食而不化，多而不當，也要考慮到學習後使用的統整才行。本文所指統整包括結合式的統整，像沙拉一樣，材料間各保原貌，但合而食之，卻有不同；次為融合式統整，像檸檬蜂蜜汁一樣，各成分食物的原貌已失，新風味完全取代了原有各物的風味，這兩種方式各有特色，可斟酌運用。

(圭)體驗原則

完全學習不可因項目多而囫圇吞棗，更不可只依賴背誦和記憶，完全學習要透過身歷其境來操作、實習、實驗、體之、驗之的全方位涉入學習，才容易產生良好深刻的效果。

㈢可行性原則

　　任何學習策略的規劃，都必須滿足可行性的要求，否則，良法美意即失意義，因此，針對實況考量可行性十分重要。

捌、完全學習的實施策略

　　學習理念要能落實，通常都要運用有效的實施策略，由掌握第一工作線的教師起動，並付諸執行，較能竟其功。本節分基本策略、技術性的完全學習策略兩部分來說明。

㈠基本策略

1.成立完全學習年級規劃小組

　　在現行課程架構和教學生態之下，如果個別教師實施完全學習尚有困難，可考慮以年級為單位成立規劃小組，分別提出適合各該年級完全學習的技術性策略，供各班參酌運用，以節省大家的精力，也合乎學校本位或教師本位的課程設計原則。當然，個別教師仍保有相當大的調整空間，以適合班級差異或學生個別差異的需要。

2.推動教師專業成長

　　教師專業成長是教育改革最務實、根本的有效策略。Joyce和Showers曾經提出教師專業成長的發展計畫，包括下列五項(張明輝，1998)：

　　⑴理論的介紹、技術或策略的描述

　　⑵技術的示範或教學模式的示範

　　⑶教室情境中的實況演練

　　⑷結構式或開放式的回饋

　　⑸實際教學的知能和策略

由此可見，教師專業成長的範圍至廣，本即具備完全學習的意義，因此，教師有計畫的專業成長，尤其是能掌握時代脈動，作機動性自發性的主動進修成長，是推動教育新理念的成功要件。

3.成立完全學習綜合建議小組

當前教育改革類皆以學生為學習的主體、學習的中心，任何學習內涵，如果學生的接納度不夠，學習情形不好，則難望有好的結果，因此，教育改革應將學生列為重要的徵詢對象，可以在教師指導下成立此一小組，隨時提供回饋意見，以利完全學習的有效進行。

4.檢討與回饋

適時的檢討、回饋、修正，然後再出發，是推動計畫的良好策略，完全學習的實施自不例外。學校在執行時，亦應保有此一機動性的機制，就完全學習實施過程中，各個歷程作定期或不定期的檢視、檢討、修正，以求保持最佳的運行狀態，獲致良好效果。

(二)技術性的完全學習策略

1.整合性教學方法的運用

整合性教學方法包括啟發式教學、創造思考教學、探索式教學、批判式教學、主題學習……等，由於這些教學方法在本質上就較能提供多向度、全方位的探索空間和可能，學生有更多機會運用統觀、整合的方式來思辨、比較、批判學習內容，因此，容易獲得判斷、省思以及接納異同的可能，跳脫傳統上記誦的偏狹方式，獲致完全學習的效果。

2.社團活動的運用

社團活動讓學生有機會運用已知的學科或生活知能去因應未知的活動、生活挑戰，產生統整的學習，活動中，學生要學習主導活動的順利發展，要學習和陌生人進行互動、溝通，要和許多人深入對談，

要面對個人，也要面對群體，任何有助於活動順利進行，獲得良好成
果的大小因素，都要設法顧及，在活動過程中也會自然顧及E.Q.……
等等，是良好的完全學習策略之一。

3.公共服務機會的運用

公共服務活動，引導學生運用自己的知能來關心別人、關懷社群、
回饋社會，在服務過程中，可以完整的表現自己，完整的體會學習，
獲得深度體驗人生的機會，習得勤勞、利他、感恩的情懷，對生命有
完整體會，對生活有統觀了解，是一個完全學習的良好機會。

4.體驗學習的進行

體驗學習直接觀察或參與活動，是深層、主動、積極、有計畫的
經驗，是全心靈全身軀和情境作契合的聯結，產生更具體更明確的感
悟、感動、體會和知覺所激發出具體、深刻、持久的學習結果（李錫
津，民86），此種體驗過程中，身心靈的全然接觸，就是一種完全學習。

5.生活中學習的運用

任何方式的學習，任何層次的教育，到最後，受教育者必然要回
歸日常實體生活、要投入工作世界，實際上，工作乃生活的一部分，
因此，生活中足以造成良好適應，能使生活日日順暢，所謂日日是好
日，年年是好年的基本生活知能的學習，最為根本最是重要。因此，
生活技能學習、生活學習，生活中來學習是完全學習的途徑之一。

6.掌握機會教育、機會學習

就學習者來說，在他清醒時，幾乎隨時隨地都處在學習狀況之下，
都有正向、負向學習的可能，因此，師長有必要隨時掌握住教育指導
的機會，讓學習的機會和可能從教室延伸到每一個可能的角落，讓學
習時刻從教室時間拓展到課餘的每一個可能時刻，每位師長或長輩都
能如此，則可以形成完全學習網絡，是則，完全學習就更加容易了。

7.形塑人人教育、人人指導之可能

本學期教育部正在試行教學、訓導、輔導三合一的輔導新制，衡諸生活應與教育相結合的實情，教訓輔再和生活結合考量堪稱必要，其實，教育以生活為本，以生活為宗，如能引導形成社會共同意識，人人比照輔導上分級輔導的可能，未具輔導專業的人員同樣可以有效分擔初級輔導工作一樣，就各自認知之可能，給青年適當的指導，也是完全學習的可能策略之一，比如：工友先生自己服裝整齊得體，對服裝不整的學生同樣可以給予建議、勸導、輔導或柔性糾正，對學生來說，即獲得完全學習的機會。

8.規劃情境學習或狀況演練的機會

情境學習或狀況演練，是一種經由事先規劃，具有目的性的真實學習或演習，消防隊員，面對救火實況的演練，沒有真實情境傷害的威脅，卻有真實情況的挑戰，可以引導參與者、學習者全心全力投入，獲得完全關照、完全學習的可能。

玖、學校實施完全學習的歷程

張明輝(1998)引用Miles (1986)和Fullan (1991)的觀點談到學校教育改革歷程，強調學校改革歷程並非直線的模式，而是由起始階段、實施階段和制度化階段等三個階段交互重疊所形成，其中，實施階段的改革內容會受到比較多的關注，也是整個改革歷程中困難最多的一個階段，證之國內近年來的教育改革，各個階段中，也都出現相當多元的意見，不過，大致說來，也以實施階段的反映意見較為紛歧，也較為強烈。

完全學習當自許為教育改革思潮之一，本文試將此一實施期程分

為起始階段、試行階段、實施階段、成熟階段、制度化階段來作簡要
說明:

1.起始階段

好的開始是成功的一半，此階段重在檢討過去，提出策勵將來的
具體作法，包括:

(a)檢討現在與過去缺點

(b)確認完全學習的意義與內涵

(c)訂定完全學習的實施計畫

(d)進行觀念溝通與理念說明

(e)實施教師專業座談、研習

(f)廣泛徵詢有意願參與的相關人員與教師

(g)成立規劃小組

(h)完成工作準備

2.試行階段

(a)確定參與教師、科目、活動

(b)進一步商定實施計畫

(c)繼續實施教師專業講習

(d)開始實施完全學習

(e)進行適時檢討、修正

(f)完成正式實施之準備

3.實施階段

(a)完成擴大（全面）實施計畫

(b)參與的教師數增多，且完成準備

(c)大規模實施完全學習

(d)進行檢討修正

(e)辦理觀摩會、研討會蒐集相關意見

4.成熟階段

(a)參與教師數目超過一半

(b)參與教師多能熟練完全學習的進行

(c)所有活動進行平穩，困擾問題不多

(d)產生的學習問題，多半可以自行解決

(e)完全學習逐漸成為日常學習中慣用的學習策略

5.制度化階段

(a)制度化階段也是習慣化的階段

(b)完全學習成為學生學習的自然方式

(c)師生均樂於完全學習也習慣於完全學習

(d)偶發狀況很少，一旦發生均可自行解決

(e)完全學習受到各界的接納肯定

拾、進一步釐清的事項

1.完全學習的實施，消極的在防止學習和生活的脫節，積極的在建構快樂有用的生活能力，讓每一個人在學會「過好的生活」後，有發展專業領域的能力，在發展專業領域能力的同時，也能參酌完全學習的原則和相關的策略，繼續發展成一位完全的人。

2.除非學校有清楚的改革進程和持續的改革決心，否則學校改革將無從發生（張明輝，1998）；除非老師有清楚的教育理念，有旺盛的參與改革意願，並付諸行動，否則，教育改革就顯現不出成果，因此，完全學習的起動、運作，也要從學校開始，從老師們做起，且持續的加以發展進行，所以完全學習最好以教師本位、班級本位或學校

本位來發動最為容易。

3. Cuttance (1994)認為 (張明輝，1998)：許多學校改革的努力失敗了，不一定是構想不好，可能是學校成員未參與願景的建構，無法形成共識，良法美意反而錯失成功的機會。在完全學習實施時，引導教職員工生主動參與是成敗的關鍵所在。

4. 由上而下的改革容易出現阻礙，由下而上的改革較易獲得共鳴，如何激發基層人員自發性的改革意識，產生改革的理念，並逐步擴大預期的效應，是值得深思的，整體來說，教育人員現代感、使命感、責任感的發揮、主動習慣的養成，敏銳知覺能力的運用，非常重要。

5. 在完全學習的運作下，學習的領域擴大、項目增多，此時，要考慮到時間、精力的有限性，因此，時間的分配安排，時間長短的控制，體力的調濟調配，變得非常主要。

6. 完全學習並非樣樣都學，更非樣樣都學得同樣深入，強調的是人格上、生活上、永續學習上、價值上基本必備部分的整全，期盼的是精神的整全、態度的整全，因此，在完全學習過程中，並不排斥專業分化的深入學習，同時，在專業分化的學習時，也不排除適用完全學習的觀念和精神，一位成熟傑出的醫師在學習一項新的醫學技術時，同樣可以運用完全學習的理念去兼顧主學習副學習和附學習的內容，不單只是學到那一項醫技而已。

7. 人類主要透過視覺、聽覺來學習，而視聽覺在某種狀況下，本來就具備同時間多元化的收納能力，基本上，可以不擔心學習的干擾現象，除非情形特殊，否則，都可以經過時間和學習的消化融會而逐漸化解。

8. 完全學習的理念，不但可以適用到各年齡層，各學校階段的學習，也可以運用到完成專業化、已經成熟的學者專家的進修學習上，不

同成熟度不同專業強度的學習者，可以運用同樣的完全學習理念來
處理各自不同專業程度的學習資料，小學生學習生物，中研院院士
研究生物新科技都同樣可以運用完全學習的理念來追求無私無偏的
學習境界。

9. 完全學習迫切地要培養國民具有真正的統觀能力和素養，消極的防
止錯誤，積極的要開拓美好的未來，英國Snow爵士說得好：由於文
化之分裂，使人們不能對過去作正確的解釋，不能對現在作合理的
判斷，同時也不能對未來有所展望（金耀基，民69），完全學習的心
願就是培養能周延觀照、能統觀整全的人，以防止錯誤，在做人方
面，才不會只想到自己，沒有看到別人，在開發山坡地時，才不會
只想到利潤，沒有想到水土保持。在務實生活上，這樣的能力是不
可少的。

拾壹、結　論

胡適說：「教育破產的救濟方法還是教育」，教育人員或許擔負教
育破產的相當責任，卻仍無法自外於教育改革的熱潮，我們教育人從
事教育改革最便捷的方法，自是要回歸教育，教育旨在開發人智、調
塑人心、教化民俗，是人類發展、文化延續、文明更新之所賴。不過，
當前教育改革洪流之中，教育理念的重建是大家比較少討論的一環（黃
政傑，1997），此種情形極不利於教育改革的進行。由於每個人的教育
理念往往主導其教育行動，或者至少與教育行動相互影響，教育改革
如果忽略了理念層面，改革成功的可能性便打了折扣（黃政傑，1997），
這是談教育改革不可不察的。然而，長久以來，臺灣教育由於籠罩在
升學主義、文憑主義的洪流下，所造成的偏智現象，的確造成生活的

怪象、價值的扭曲、治安的流弊、社會的亂象，而令人憂心不已。

　　誠如胡適所言，教育的問題最宜用教育的方法來解決，而教育理念是教育行動的最高指導原則，因此，本文主張完全學習、完全教育，就是希望透過完全學習來造就整全的人(whole person)，培養身心靈協調均衡，語言、思想、行為、生活協和的快樂人。

　　於是，我們檢討教育沈痾，希望破除教育迷思，重建合理的教育理念——提出完全學習的主張，建議參酌「生活需求」「學習需求」「前瞻性」「激勵」「民主」「周延」「個別差異」「邏輯」「發展性」「獨立自主」「統整」「體驗」以及「可行性」等原則，來思考規劃完全學習的進行，同時，在實施上，也提出四個基本策略和「整合性教學方法的運用」「社團活動的運用」「公共服務機會的運用」「體驗學習的進行」「生活中學習的運用」「掌握機會教育、機會學習」「形塑人人教育、人人指導之可能」以及「規劃情境學習或狀況演練的機會」等八個技術性、方法性的完全學習策略供大家參考，接著，為強調學校本位實施的重要性、方便性，也分「起始階段」「試行階段」「實施階段」「成熟階段」「制度化階段」作了簡單的敘述，最後，並提出九項說明以釐清若干模糊不清的事項，希望能使全文呈現清晰的面貌。的確，觀念是行動的指導原則，迷思的袪除，合理共識的匯集，行動的展示，才是教育改革最根本的做法，否則，偏差的價值觀沒有破除，合理的價值觀沒有建立，縱有許多改革策略，也會像高樓建築卻缺乏深厚地基一樣，很難穩固發展，做好教改工作的。

　　總之，重視教育可以有助於教育的發展，不過，如果尚存一些似是而非的迷思或偏差，又習焉不察，加以重視，甚至運用力行，就會造成謬以毫釐，失以千里的現象，偏失的後果就會更嚴重，試問：臺北人想去高雄，卻往北走去，那要何時才能到達目的地？不談教育改

革則已，一談教育改革，理念的重建，作為行動的正確指導原則，至
為重要，爰提完全學習的教育主張如上，請大家指正。

參考書目

龍冠海（民55）：《社會學》。臺北市，三民書局。

張思全（民57）：《課程設計與教學法新論》。臺北市，中國公共關係協會。

莊宏信、陳瑞珍、林錦勝合譯（民60）：《斷絕的時代》。臺北市，協志工業叢書。

范揚魁、范文馨譯（民61）：《未來的震盪》。臺北市，一文出版社。

林清江（民64）：《教育社會學》。臺北市，臺灣書店。

歐陽教（民65）：《道德判斷與道德教學》。臺北市，文景書局。

楊國樞（民67）：《現代社會的心理適應》。臺北市，巨流圖書公司。

林清山（民68）：《心理與教育統計學》。臺北市，東華書局。

陳奎熹（民69）：《教育社會學》。臺北市，三民書局。

李美枝（民69）：《社會心理學》。臺北市，大洋出版社。

金耀基（民69）：《劍橋語絲》。臺北市，臺灣商務印書館。

林清江（民70）：《教育社會學概論》。臺北市，五南圖書出版公司。

歐用生（民70）：《課程論》。臺中縣，臺灣省政府教育廳。

林玉体（民71）：《教育價值論》。臺北市，文景出版社。

王鍾和、李勤川、楊琪（民71）：《適應與心理衛生》。臺北市，大洋出版社。

許智偉（民71）：〈論美國生計教育與我國教育革新〉，文收於許智偉主編，《美國生計教育》。臺北市，幼獅文化事業公司。

黃炳煌（民71）：《課程理論之基礎》。臺北市，文景出版社。

黃淑芬（民71）：《大學生自我統整與職業成熟及自我確認的關係》。國
　　立臺灣師範大學輔導研究所，碩士學位論文。

黃光雄等譯（民72）：《認知領域目標分類》。新竹市，臺灣省立新竹師
　　專。

黃光雄等譯（民72）：《技能領域目標分類》。新竹市，臺灣省立新竹師
　　專。

黃光雄等譯（民72）：《情意領域目標分類》。新竹市，臺灣省立新竹師
　　專。

張春興（民72）：《教育心理學》。臺北市，東華書局。

夏林清、李黛蒂（民72）：《生涯成熟態度問卷指導手冊》。臺北縣，輔
　　大出版社。

歐陽教（民72）：《教育哲學導論》。臺北市，文景書局。

簡仁育、賴保禎（民73）：《心理衛生》。臺北市，中國科學行為社。

楊朝祥（民73）：《生計輔導——終生的輔導歷程》。臺北市，行政院青
　　年輔導委員會。

黃政傑（民74）：《課程改革》。臺北市，漢文書店。

康自立（民74）：《建教合作教育原理》。臺北市，全華圖書。

朱敬先（民75）：《學習心理學》。臺北市，千華出版公司。

吳武典（民75）：〈師生間衝突形成之可能原因及輔導策略〉，《緩和衝
　　突的輔導策略》。臺北市政府教育局發行，臺北市國民中學輔導叢
　　書廿七。

陳奎熹（民75）：〈衝突理論在教育上的意義〉，《緩和衝突的輔導策
　　略》。

沈六（民75）：《道德發展與行為之研究》。臺北市，水牛圖書出版公司。

教育部（民76）：《商業職業學校課程標準及設備標準》。臺北市，正中

書局。

李錫津（民76）：〈變遷中的工職教育〉，《工業職業教育》第五卷第十二期。

張春興（民77）：〈知之歷程與教之歷程‧認知心理學的發展及其在教育上的應用〉，《教育心理學報》。臺北市，師大教育心理與輔導學系。

陳龍安（民77）：《創造思考教學的理論與實際》。臺北市，心理出版社。

劉世勳、江家珩、黃桂英、張子忠、蔡人煜、柏志偉（民77）：〈當前高職學生學習心態調查研究〉。臺北市，高級中等學校職業類科七十六學年度發展與改進職業教育研究小組。

張春興（民78）：《張氏心理學辭典》。臺北市，正中書局。

莊懷義等（民79）：《青少年問題與輔導》。臺北縣，空中大學。

林彥妤、郭利百加譯（民80）：《心理衛生》。臺北市，桂冠圖書公司。

郭生玉、梁恆正、何英奇、陳金定、宋德忠、曾玉村（1991）：《大學聯考對高中教育的影響》。中華民國大學入學考試中心專題報告。

徐昊杲（民80）：〈影響高工冷凍空調科學生職業認知與職業成熟態度基本因素之研究〉，《工業職業教育》。臺北市。

尹萍譯(1992)：《二〇〇〇年大趨勢》。臺北市，天下文化出版公司。

楊國樞、林文瑛、謝小芩(1991)：《大學聯考對大學教育的影響》。中華民國大學入學考試中心專題研究報告。

李錫津等（民81）：《高商科別與課程架構重整之研究》。臺北市，教育部技職司。

黃繼魯(1992)：《珠算的新功能──教育啟智功能》。中國珠算協會。(深圳)

楊渠弘(1992)：《海峽兩岸珠算學術交流會探討珠算的教育啟智功能》。

（深圳）

單文經（民81）：《課程與教學研究》。臺北市，師大書苑。

黃政傑、吳明清、吳武雄、陳伯璋、單文經、萬家春、黃振球、潘慧玲、鄭美俐、謝文全、周淑卿、張嘉育（1992）：《促進中小學五育均衡發展策略之研究》。臺灣師大教育研究中心專題研究報告。

殷允芃、尹萍、周慧菁、李瑟、林昭武（1993）：《發現臺灣》。臺北市，天下文化出版公司。

趙鴻生(1993)：《淺析珠算式心算是幼兒園科學育兒的重要舉措》。石家庄鐵路分局。

劉善堂(1993)：《論珠算對開發兒童智力的特殊功能》。吉林省珠算協會。

李錫津(1993)：《珠算學習歷程》。第三屆海峽兩岸珠算學術交流座談會。

邵振山、劉達權(1993)：《計算技術》。長春市，高等教育出版社。

樓南紅(1993)：《財經計算技術》。上海市，高等教育出版社。

教育部技職司（民82）：《發展與改進國中技藝教育方案——邁向十年國教目標》。臺北市，教育部。

黃政傑（民82）：《課程教學之變革》。臺北市，師大書苑。

饒見維（民83）：《知識場論——認知、思考與教育的統合理論》。臺北市，五南圖書出版公司。

天下編輯(1994)：《前瞻臺灣——新教育》。臺北市，天下文化出版公司。

楊渠弘(1994)：〈珠算地位的未來展望〉，文收錄於《黃山國際珠算理論研討會論文集》。中國珠算協會編印。

王令九、姚克賢(1994)：〈論珠算的四大功能〉。文收錄於《黃山國際珠算理論研討會論文集》。

袁德富、趙鴻升(1994)：〈早期教育的瑰寶——談珠算式心算對幼兒教育〉。文收錄於《黃山國際珠算理論研討會論文集》。

梁特猷(1994)：〈珠算學（前言）〉。文收於《黃山國際珠算理論研討會論文集》。

李錫津(1994)：〈從珠算學習的本質論珠算教育的啟智功能〉，《中華珠算學術研究學會年刊》第一期。臺北市，中華珠算學術研究學會。

李遠哲（民83）：〈教育改革〉，《教改通訊》創刊號。

教育部技職司（民83）：《發展與改進國中技藝教育方案——邁向十年國教目標」工作報告》。臺北市，教育部。

郭為藩（民83）：〈八十三學年度國民中學附設技藝中心規劃人員技職教育知能研討會部長講話〉。

莊耀嘉(1995)：《馬斯洛》。臺北市，桂冠圖書有限公司。

吳清基（民84）：〈給技職教育一片美好的天空和尊嚴〉，《教改通訊》第6期。

楊茂秀（民84）：〈教育雜木林：走向狂喜之路〉，文收錄於陳瓊森、汪益合譯，《超越教化的心靈》一書中。臺北市，遠流出版公司。

吳英璋（民84）：《臺北市技職教育的現在與未來》（未出版）。

行政院青年輔導委員會（民84）：《青少年白皮書》。臺北市，行政院青輔會。

郭為藩(1995)：《教育改革的省思》。臺北市，天下文化出版公司。

張鈿富（民85）：《教育概論》。臺北市，三民書局。

行政院教育改革審議委員會（民85）：《教育改革諮議報告書》。臺北市，行政院教育改革審議會。

黃武雄(1996)：《童年與解放》。臺北市，財團法人人本教育文教基金會。

行政院教育改革審議委員會（民85）：《教育改革總諮議報告書》。臺北

市，行政院教育改革審議會。

吳清山（民85）：《教育發展與教育改革》。臺北市，心理出版社。

黃政傑（民85）：《教育改革的理念與實》。臺北市，師大書苑。

張煌熙（民85）：〈九十年代美國聯邦的教育改革〉， 收錄於黃政傑主編，《各國教育改革動向》。臺北市，師大書苑。

楊明恭（民85）：〈理論基礎〉，收錄於江文雄主編，《技術及職業教育概論》。臺北市，師大書苑。

天下編輯(1997)：《海闊天空——教育的美麗新世界》。臺北市，天下文化出版公司。

吳英璋、鄭春美、蕭仁釗（民86）：《臺北教改之路》。臺北市，臺北市教師研習中心。

李平譯(1997)：《經營多元智慧》。臺北市，遠流出版公司。

天下編輯(1997)：《未來人才——腦力競爭的新趨勢》。臺北市，天下文化出版公司。

李錫津（民86）：〈體驗之學習功能及其運用策略〉，載於建中主編，《建中學報》第三期。臺北市，建國中學。

黃政傑(1997)：《課程改革的理念與實踐》。臺北市，漢文書店。

曾憲政(1997)：〈在海闊天空中快樂翱翔〉。天下編輯，《未來人才——腦力競爭的新趨勢》之序文。臺北市，天下文化出版社。

溫明麗(1997)：〈批判思考即為通識教育〉，載於國立臺灣師大教育系主編，《教育研究集刊》第39輯。臺北市，師大書苑。

張明輝(1998)：〈學校改革的研究內涵與學理基礎〉，載於國立臺灣師大教育系主編，《教育研究集刊第40輯》。臺北市，師大書苑。

Tyler, R. W. (1949). *Basic Principles of Curriculum and Instruction*. The University of Chicago Press.

Fitts, P. (1962): "Factors in complex skill training," in Glaser, R. (Ed.) *Training Research and Education*, Pittsburgh: University of Pittsburg Press.

Querido, R. (1982). *Creativity in Education: The Waldorf approach*. CA: Rudolf Steiner College Press.

Joyce, B. and Showers, B. (1988). *Student Achievement Through Staff Revelopment*. New York: Longman.

Fullan, M. (1991). *The New Meaning of Educational Change*. London/ New York: Cassell.

Cuttance, P. (1994). "Quality System for the Performance Development Cycle of Schools." Paper prepared for the *International Conference for School Effectiveness and Improvement*. Sydney: New South Wales Department of Education.

Smeyers, P. (1995). "Education and Educational Project," *The Journal of the Philosophy of Education Society of Great Britan*, Vol. 29. No.1.

附　　錄

「臺北市高職學生職業成熟態度相關因素之研究」問卷

親愛的同學：

　　為瞭解當前高職學生接受高職教育前後，職業成熟態度的變化，以評估高職教育的成效，特設計本問卷，請據實逐項填答。謝謝您的合作！

研究人：李錫津、劉世勳、楊泯榕　敬啟

79年11月30日

壹、基本資料

　　　1.就讀類群：□工業類　　□機械群

　　　　　　　　　　　　　　　□電機電子群

　　　　　　　　　　　　　　　□化工群

　　　　　　　　　　　　　　　□土木建築群

　　　　　　　　　　　　　　　□工藝群

　　　　　　　　　　　　□商業類

　　　2.就讀年級：□一年級　　□三年級

　　　3.性別：□男　□女

貳、職業成熟──態度量表

　　※下面有一些有關職業選擇方面的語句，請仔細的閱讀每一個語句，如果你覺得它說的很對，就在「是」的「□」內打一個「∨」，如果你認為它說的不對就在「否」的「□」內打一個「∨」。請每一題都回答，不要遺漏。

是否

☐☐ 1. 工作只是一項謀生的工具而已。

☐☐ 2. 我不知道如何做，才能進入我想從事的行業。

☐☐ 3. 找工作時，個人的人事背景要比他的能力來得重要。

☐☐ 4. 我覺得在畢業以前，不必先考慮以後選擇何種職業的問題。

☐☐ 5. 我大概會接受父母建議我去做的那一類工作。

☐☐ 6. 工作之所以值得，主要是因為可以賺到錢。

☐☐ 7. 各種工作所需的條件是什麼，我沒有什麼概念。

☐☐ 8. 每個人告訴我的似乎都不一樣，結果我反而不知道該選擇
　　　那種工作。

☐☐ 9. 我比任何人更知道我應幹那一行。

☐☐ 10. 工作在個人生活中的地位並不是非常重要的。

☐☐ 11. 選擇職業時，我會先考慮我的興趣，再考慮我的能力。

☐☐ 12. 個人應事先選擇一個日後想從事的行業，然後計劃如何進
　　　入這行業。

☐☐ 13. 我就是不了解有些人怎麼確定他們要做什麼。

☐☐ 14. 接受父母的建議來選擇工作，就不會錯到那兒去。

☐☐ 15. 人應該選擇一種日後能讓他成名或賺到很多錢的工作。

☐☐ 16. 我實在想不出一個我很感興趣的工作。

☐☐ 17. 我知道我該如何去準備我所要做的工作。

☐☐ 18. 未來既然如此不確定，何必現在就決定以後從事那一行業。

☐☐ 19. 我常想我要成為什麼樣的人，但事實上我還沒有選擇從事
　　　那種工作以成為這種人。

☐☐ 20. 就選擇職業這個問題來說，我需要有人告訴我，我到底選
　　　擇那一工作才是對的。

□□ 21.人們都是為了金錢才工作的。

□□ 22.對於未來事業發展的方向，如果沒有別人的支持或肯定，
　　 我自己無法作決定。

□□ 23.對我而言，工作讓我有成就感要比工作的收入或穩定性來
　　 得重要。

□□ 24.個人走進那一行業，主要是靠他的機運。

□□ 25.當我念書時常想到，一旦我開始工作時，不知會怎樣。

□□ 26.只要收入好，選擇那種工作都沒有太大的差別。

□□ 27.對於未來的職業，我還是不要自己做決定，到時候看情況
　　 再說好了。

□□ 28.我不會為選擇工作而操心，因為我對工作本來興趣就不高。

□□ 29.我將來想從事的工作究竟是什麼樣子，我還蠻了解的。

□□ 30.對於不同的工作，自己到底喜歡它什麼，目前我很難去分
　　 辨。

作者其他著作

創造思考教學研究，台灣書店 （76.4）

班級經營（合著），心理出版社 （83.9）

掌舵的人──高級職校導師手冊（主編） 張老師出版社 （82.9）

小故事大哲理 聯經 （1999）

教育理念的改造與重建 三民書局（排印中）

教育心念的改造 心理出版社（排印中）

三民大專用書書目——國父遺教

三民大專用書書目——教育

書名	著者		服務機構
教育概論	張鈿富	著	政治大學
教育哲學	賈馥茗	著	國策顧問
教育哲學	葉學志	著	彰化師大
教育原理	賈馥茗	著	國策顧問
教育計畫	林文達	著	政治大學
普通教學法	方炳林	著	臺灣師大
各國教育制度	雷國鼎	著	臺灣師大
清末留學教育	瞿立鶴	著	
教育心理學（增訂版序）	溫世頌	著	傑克遜州立大學
教育心理學	胡秉正	著	政治大學
教育社會學	陳奎憙	著	臺灣師大
教育行政學	林文達	著	政治大學
教育經濟學	蓋浙生	著	臺灣師大
教育經濟學	林文達	著	政治大學
教育財政學	林文達	著	政治大學
工業教育學	袁立錕	著	彰化師大
技術職業教育行政與視導	張天津	著	臺北科技大學
技職教育測量與評鑑	李大偉	著	臺灣師大
高科技與技職教育	楊啟棟	著	臺灣師大
工業職業技術教育	陳昭雄	著	臺灣師大
技術職業教育教學法	陳昭雄	著	臺灣師大
技術職業教育辭典	楊朝祥	編著	教育部長
技術職業教育理論與實務	楊朝祥	著	教育部長
工業安全衛生	羅文基	著	高雄市教育局
人力發展理論與實施	彭台臨	著	臺灣師大
職業教育師資培育	周談輝	著	臺灣師大
家庭教育	張振宇	著	淡江大學
教育與人生	李建興	著	臺北大學籌備處
教育即奉獻	劉真	著	總統府資政
人文教育十二講	陳立夫等	著	國策顧問
當代教育思潮	徐南號	著	臺灣大學
心理與教育統計學	余民寧	著	政治大學
比較國民教育	雷國鼎	著	臺灣師大

中等教育	司　琦 著	前政治大學
中國教育史	胡美琦 著	文化大學
中國現代教育史	鄭世興 著	臺灣師大
中國大學教育發展史	伍振鷟 著	臺灣師大
中國職業教育發展史	周談輝 著	臺灣師大
社會教育新論	李建興 著	臺北大學籌備處
中國社會教育發展史	李建興 著	臺北大學籌備處
中國國民教育發展史	司　琦 著	前政治大學
中國體育發展史	吳文忠 著	臺灣師大
中小學人文及社會學科 　　教育目標研究總報告	教育部人文及社會學科 教育指導委員會 主編	
中小學人文學科教育 　　目標研究報告	教育部人文及社會學科 教育指導委員會 主編	
中小學社會學科教育 　　目標研究報告	教育部人文及社會學科 教育指導委員會 主編	
教育專題研究　第一輯	教育部人文及社會學科 教育指導委員會 主編	
教育專題研究　第二輯	教育部人文及社會學科 教育指導委員會 主編	
教育專題研究　第三輯	教育部人文及社會學科 教育指導委員會 主編	
選文研究 　　——中小學國語文選文 　　——之評價與定位問題	教育部人文及社會學科 教育指導委員會 主編	
英國小學社會科課程之分析	張玉成 著	教育部人指會
	教育部人文及社會學科 教育指導委員會 主編	
如何寫學術論文	宋楚瑜 著	
論文寫作研究 (增訂版序)	段家鋒 孫正豐 主編 張世賢	政治大學
美育與文化	黃昆輝 主編	總統府
	陳奎憙 著	臺灣師大
師生關係與班級經營	王淑俐 著	臺北師範學院
	單文經 著	臺灣師大
	黃德祥 著	彰化師大
輔導原理與實務	劉焜輝 主編	文化大學
教育理念與教育問題	李錫津 著	臺北市政府
教育理念的改造與重建	李錫津 著	臺北市政府

三民大專用書書目——社會

三民大專用書書目——行政・管理

行政學（修訂版）	張潤書	著	政治大學
行政學	左潞生	著	前中興大學
行政學	吳瓊恩	著	政治大學
行政學新論	張金鑑	著	前政治大學
行政學概要	左潞生	著	前中興大學
行政管理學	傅肅良	著	前中興大學
行政生態學	彭文賢	著	中央研究院
人事行政學	張金鑑	著	前政治大學
人事行政學	傅肅良	著	前中興大學
人事管理（修訂版）	傅肅良	著	前中興大學
人事行政的守與變	傅肅良	著	前中興大學
各國人事制度	傅肅良	著	前中興大學
各國人事制度概要	張金鑑	著	前政治大學
現行考銓制度	陳鑑波	著	
考銓制度	傅肅良	著	前中興大學
員工考選學	傅肅良	著	前中興大學
員工訓練學	傅肅良	著	前中興大學
員工激勵學	傅肅良	著	前中興大學
交通行政	劉承漢	著	前成功大學
陸空運輸法概要	劉承漢	著	前成功大學
運輸學概要	程振粵	著	前臺灣大學
兵役理論與實務	顧傳型	著	
行為管理論	林安弘	著	德明商專
組織行為學	高尚仁伍錫康	著	香港大學
組織行為學	藍采風廖榮利	著	美國印地安那大學中國醫藥學院
組織行為管理	龔平邦	著	前逢甲大學
組織原理	彭文賢	著	中央研究院
組織結構	彭文賢	著	中央研究院
行為科學概論	龔平邦	著	前逢甲大學
行為科學概論	徐道鄰	著	
行為科學與管理	徐木蘭	著	臺灣大學
實用企業管理學	解宏賓	著	中興大學